起点

新生励志读本

周 菲 等 著

辽宁大学出版社

图书在版编目（CIP）数据

起点：新生励志读本/周菲等著．--沈阳：辽宁
大学出版社，2012.8
ISBN 978-7-5610-6906-6

Ⅰ.①起…　Ⅱ.①周…　Ⅲ.①大学生－入学教育
Ⅳ.①G645.5

中国版本图书馆 CIP 数据核字（2012）第 202547 号

出　版　者：辽宁大学出版社有限责任公司
　　　　　　（地址：沈阳市皇姑区崇山中路 66 号　　邮政编码：110036）
印　刷　者：沈阳航空发动机研究所印刷厂
发　行　者：辽宁大学出版社有限责任公司
幅面尺寸：150mm×240mm
印　　张：14
字　　数：180 千字
出版时间：2012 年 8 月第 1 版
印刷时间：2012 年 8 月第 1 次印刷
责任编辑：崔利波　祝恩民
封面设计：邹本忠　徐澄玥
版式设计：李　佳
责任校对：李　佳　齐　悦

书　　号：ISBN 978-7-5610-6906-6
定　　价：25.00 元

联系电话：024－86864613
邮购热线：024－86830665
网　　址：http://www.lnupshop.com
电子邮件：lnupress@vip.163.com

　　当我们聚集在传承文化而又深得文化浸润的校园而颔首言欢时，辽宁大学的历史又一次在辉煌中典藏。

　　中国高等教育的历史与民族命运紧密相连，辽宁大学自诞生之时就与共和国的发展并肩而行。1948年11月2日沈阳解放，东北人民行政委员会接收了原辽宁省立沈阳商科职业学校，以此为基础创建了商业专门学校。伴随着中国工业化进程的加快，辽宁大学在特殊的历史背景下应运而生。1958年9月，经国家批准，将东北财经学院、沈阳师范学院、沈阳俄文专科学校三所院校合并组建为辽宁大学，并将其定位成一所多系科、多专业的综合性大学，担负起培养社会主义事业接班人和建设者的重任。为了实现从专业院校向综合大学的快速转变，辽宁大学从她整合起步之日起就开始了自己改革创新的历程。学校的整体水平迅速提升，为共和国的成长输送了大批优秀人才，为正处于起步阶段的中国高等教育事业做出了地方大学的应有贡献。

"所谓大学者，非有大楼之谓也，而有大师之谓也。"辽宁大学这块沃土孕育和滋养了一代名师。师从史学大家王国维、梁启超的史学教授周传儒，著名语言文字学家、书法家张震泽，英国剑桥大学归国博士、一代经济学宗师宋则行，在抗美援朝期间参加中国人民反对细菌战科学调查团专家组成员秦耀庭，共和国总理周恩来的老师张镜玄……正因为有这样一批极具影响力的治学专家一心向教、专心为学，建校之初的辽宁大学才有了如此深厚的积淀，才能在全国的教育之林中占有重要一席。开国元勋朱德元帅在视察东北时挥毫泼墨，亲自题写了校名"辽宁大学"，体现了中央领导对辽宁大学的充分肯定与高度重视。每当看到校牌上"辽宁大学"这四个遒劲的大字，我们都深感肩负着沉甸甸的时代重任。

"十年动乱"使辽宁大学遭受了深重的磨难，但辽大人的内心深处始终充满信念，许多老师不弃书本、不舍希望，坚持真理、坚持实事求是，在牛棚之中秉烛夜读，在寒窑之内修葺丛书，在田间地头钻研学术，在"大炼钢铁"中思考中国教育前行的方向。辽大人在困境中学会了坚强，锻炼了意志和品格，也积聚了攀登超越的基础。在历史的特殊时期，他们为辽宁大学日后的崛起与新生保存了元气和实力。

在党的十一届三中全会精神指引下，和着改革开放的春风，辽宁大学踏上了改革发展的新征程。面对国家百废待兴、学校百事待举的新形势，面对市场经济对高等教育的新要求，学校深刻认识到改革的必要性和重要性。学校汲取各方之长，大胆改革，形成了以应用学科为主、财经类学科优势突出、文史类学科基础雄厚、理工类学科发展迅速的良好格局。学校主张科研面向社会、面向企业，重视科研工作的应用化，得到了社会乃至国际上的普遍认可。通过改革，学校综合实力和社会影响力大大提升，成为当时全国地方大学第一方阵的重要力量。

　　组建前十年的深厚积淀、磨难后三十年的改革奋进，辽宁大学步入了历史发展的新阶段。1997年7月23日，学校顺利通过了"211"工程主管部门预审，跻身于全国重点建设的百所高校行列。学校以"211"工程为龙头工程、旗帜工程和凝聚力工程，各项建设业已取得丰硕成果。2004年5月，一座占地93万平方米的现代化大学校区在蒲河之畔拔地而起，8000名首批学子带着欢笑与泪水第一次踏上这片新土地。2005年9月，辽宁大学顺利通过了教育部普通高等学校本科教学工作水平评估，成功地构建起了"五大体系"，胜利地实现了"七个倍增"和两个"零的突破"。

　　这些事业成就的取得是辽宁大学几十年建设与发展的积淀，是一代又一代辽大人以及关心、支持辽大发展的社会各界人士团结奋进、众志成城、用辛勤耕耘的汗水凝结的精髓，更是辽大精神一次又一次升华的集中体现。在不同的历史时期，全体辽大人从管理者、教师到学生都经受住了考验，他们用自己的实际行动诠释着拼搏、奉献、求是、创新的辽大精神。今天，辽大精神更被赋予了新的内涵，那就是"明德精学，笃行致强"。这是辽大的校训，是辽大精神的灵魂，是辽大逆境中坚韧奋起、顺境中攀登超越的力量源泉。

建校以来，学校已经培养出 15 余万名毕业生。他们当中有政界精英，有商界才俊，有科技先锋，有文坛领袖，有学术权威，有艺术骄子，还有默默耕耘的普通建设者。辽大的校友遍及大江南北，活跃在五湖四海。他们携辽大精神在各处生根、开花、结果，在各行各业鱼跃鹰翔，为辽宁、为中国的社会进步和经济发展奉献着自己的热血和汗水。正如我们所期待的：哪里有辽大人，哪里就有奋斗的足迹；哪里有辽大人，哪里就有火热的激情。

我们深知，"进入 21 世纪，最大的变化在于知识本身已经成为经济繁荣与社会进步的产品"，大学与社会必须水乳交融、息息相通。许多年来，在培养大批高素质人才的同时，辽宁大学充分发挥学科优势，积极贯彻为地方经济建设服务的一贯宗旨，在东北老工业基地振兴的舞台上唱出了最强音。在理工学科领域，辽宁大学应用开发力度不断加大，成果惠及东北乃至全国各地。在哲学社会科学领域，辽宁大学承担的国家社科基金重点项目，有的获教育部人文社会科学研究优秀成果一等奖，有的被鉴定为"代表国家社会科学研究的最高水平"；在辽宁省政府奖的一至三等奖中，辽宁大学始终占据半壁江山。辽宁这片热土哺育着辽宁大学，辽宁大学又以其知识的力量助推着辽宁的腾飞。

在辽宁大学发展的历史进程中，一代代辽大人始终把对外开放牢记于心、实践于行。自 1965 年 8 月我校招收百名越南留学生开始，我们始终没有停下对外开放的脚步，而且步伐迈得愈加坚实有力。还在中韩建交之前，我校领导就曾访问韩国，得到韩国政界要员的亲切接见，并与韩国庆熙大学签订协议，成为国内最早与韩国高校建立合作关系的大学，并在全国高校中率先成立韩国学系。目前，学校先后与 24 个国家和地区的 88 所高校以及研究机构建立了正式的友好合作交流关系，已为美国、日本、韩国、俄罗斯、英国、澳大利亚、埃及、埃塞俄比亚等 94 个国家培养长期留学生 8000 余人，短期留学生 3000 余人。

进入 21 世纪，辽宁大学拓宽视野，乘势而上，合作办学成效更为显著。与澳大利亚维多利亚理工大学合作建立的亚澳商学院、与香港新华集团和英国德蒙福特大学合作创办的新华国际商学院，"已经成为全国高校国际合作办学的典范"。学校还积极将自身的优质教育资源输出到国外，分别与俄罗斯伊尔库茨克国立大学、立陶宛维尔纽斯大学、塞内加尔达喀尔大学共建孔子学院，精心打造孔子学院品牌，跨越亚、欧、非三大洲，国际化办学步入了全新的发展阶段。

辽宁大学 60 余年起步、成长、坎坷与辉煌的历史，就是一部体现和彰显大学精神的历史。憧憬未来，我们有信心、有决心也有能力深入践行大学精神，认真履行大学使命，为中华民族的伟大复兴贡献力量。在明天的舞台上，我们将奋力做到：

第一，传播知识，培养创新型人才。教书育人是大学的根本，不断追求创新是大学的天然禀赋，而培养创新型人才是大学最基本的历史使命。我们将把教育思想观念与"明德精学，笃行致强"的校训精神相结合，不断创新人才培养机制，注重文化的传承、能力的提升、人格的养成；我们将畅通大学与社会联系的渠道，在大学中谙熟知识的理论体系，在社会中释放知识的能量；我们将拓展素质教育的深度与广度，无缝链接德育智育，使学生在增长知识的同时健全人格，在适应社会需求中砥砺品行。我们输送给社会的人才，一定是具有坚定理想信念和高尚公民情怀的现代国民，而不是世界的旁观者；一定是娴熟驾驭知识和自觉躬身于社会实践的实干家，而不是生活的批评者；一定是拥有达观胸怀和创新意识的开放思想者，而不是媚俗的追随者。我们的学生要为增长智慧和完善人格而走进大学，为奉献国家和服务人民而走向社会。

第二，创造知识，融入国家创新体系。辽宁大学作为一所"211工程"大学，我们要以不竭之力推进教育创新、科技创新和体制创新。我们将致力于实现科学创新与人文理念的融会贯通，让学术力量产生科研成果，让科研成果促进社会进步，在社会进步中渗透人文精神的光芒；我们将继续坚持"顶天立地"的科研理念，用科研成果带动学科发展，用学科发展繁荣社会建设；我们将在知识创新中培养和锻造高素质的应用型人才，使学校成为区域经济发展基础研究的主力军、应用研究的生力军和高新技术产业化的方面军，为实施人力资源强国战略而奉献才智，使学校在建设创新型国家中共享机遇，共谋发展，为大学积蓄成长的智慧源泉。

第三，服务社会，成为科学发展中坚。大学承载着人才培养、科学研究、服务社会的重要职能，是"发展中国家逾越日益扩大的知识、技术、教育和发展鸿沟的必备桥梁"，是坚持科学发展观、构建和谐社会的重要力量。我们将牢牢把握科学发展观的内涵与要义，深刻理解教育作为社会建设之首的重要意义，充分发挥自己的智力优势和人力资源优势，使辽宁大学与社区、工业园区、科技园区的整体发展形成互动，进一步提高大学对社会发展特别是和谐社会建设的贡献度，使知识的力量不仅在大学内繁衍生息，更演化为大学追求的社会回报。

第四，放眼全球，强化核心竞争力。全球化一方面给我们创建一流大学带来挑战，但同时也压缩了整个世界的时空维度，为我们放眼全球、开展大学间的交流与合作提供了无穷便利。我们将充分发挥学校的资源优势，广泛开展国际科研合作、教师交流、学生的联合培养等，进一步与世界接轨，进一步融入世界秩序与规则。打开一扇窗，让各国各民族的文明成果进入我们的视野；推开一扇门，让博大精深的中华文明走向世界。

我们始终坚信：传播知识是大学的天职，创造知识是大学的责任，服务社会是大学的义务，放眼全球是大学的境界。天职、责任、义务和境界四位一体，构成了我们矢志追求并为之终生奋斗的大学精神。

辽宁大学名誉教授、诺贝尔奖获得者、"欧元之父"蒙代尔先生在辽大崇山校区演讲时寄语我们："此次访问辽宁大学我感到欣喜万分。我知晓辽宁大学的良好背景，我期望辽宁大学奋力前行，实现美好的夙愿。"美国助理国务卿、朝核问题六方会谈美国代表团团长希尔先生在考察辽大蒲河校区时更是十分激动地感言："我知道，中国是发展中国家，但当我走进辽宁大学这一现代化大学校园的时候，我以为我来到了一所发达国家的大学。辽宁大学的师生完全用英语与我自如交流，更加展示了这所高水平大学的风貌。"

学术大师、政界名流的赞誉仅仅代表过去。在这里，我们和长期以来关心、关注、关爱辽宁大学每一步发展的所有人共勉：无论此时还是此后的每一刻，我们都将用信念和行动坚守大学精神。我们将怀揣所有人的厚望，一直保持飞翔的姿态。

蓝天更高远，梦想在前方，我们将继续奋力翱翔，再创辉煌！

（序作者：程伟，辽宁大学党委书记。此文为时任校长程伟在辽宁大学建校 60 周年庆祝大会上的学术演讲，有删节）

Qi Dian / Xu Yan

序

黄泰岩

　　亲爱的新生同学们，当看着你们满怀欢喜来到这里，我仿佛回到了 32 年前在人民大学报到的那一刻……我可以感受到你们现在所拥有的那种荣耀、梦想，甚至当年我也有的那种终于感到"解放"的感觉。请允许我以校长的身份，当然，我更愿意以一个学长的身份，代表学校，代表那些从大学走出来的学长们，对来加入我国百所"211 工程"大学、辽宁省唯一的一所综合性大学的辽宁大学的精英学子们表示衷心的欢迎和感谢。由于你们有一双慧眼，把辽宁大学的真实价值看得清清楚楚、明明白白、真真切切，使你们能够义无反顾地选择辽宁大学，辽宁大学的"金字招牌"由此在全国更加熠熠生辉。

同学们，你们刚刚告别了养育你们的小家，来到辽宁大学这个追求梦想的大家。大家和小家都是家，这里都有亲情、有温暖、有关爱，愿你们能够尽快熟悉这个家，认同这个家，融入这个家。辽宁大学非常好，我们的这个家非常棒。现在，请允许我引领大家去感知、去认识我们这个辽宁大学家族。

首先，这个家的地位很尊贵。突出表现在：一是得到了国家领导人的高度重视。辽宁大学作为省属院校，60多年的建设发展，得到了国家几代领导人的关心和关爱。我们的校名由朱德元帅亲自题写；前总理李鹏同志视察我校时，为老校区蕙星楼题名；前国务委员陈至立亲临我校视察指导工作，对我校的建设成就给予高度评价；经济学院院长林木西教授作为全国高校唯一一位教师代表，到北京接受温家宝总理的接见。这些都体现了几代国家领导人对于辽宁大学的高度重视，高看一眼。二是辽宁大学是全国1300多所全日制高校中百所"211工程"大学之一。"211工程"对于我们国家来说意味着一种层次和标志，大家毕业后无论是找工作还是继续深造，这都是你们必需的一个台阶。三是辽宁大学是辽宁省唯一的综合性大学。辽宁省对于辽宁大学更加高看一眼，从资金、政策等方方面面给予辽宁大学大力的支持，使我们现在成为具备文、史、哲、经、法、理、工、管等多学科或交叉学科的大学。

其次，这个家的长辈很伟大。一代一代的传承为辽宁大学的发展奠定了非常好的传统和基础。著名的大学必须要有大师，辽宁大学拥有一批大师级的人物，前后有师从史学大家王国维、梁启超的史学教授周传儒，著名语言文字学家、书法家张震泽，剑桥大学归国博士、一代经济学宗师宋则行，抗美援朝期间参加中国人民反对细菌战科学调查团专家组成员的秦耀庭，共和国总理周恩来的老师张镜玄等等，体现了辽宁大学大师级的人物在国家甚至在世界的威望。现在，辽宁大学又有程伟教授、白钦先教授等一批国家级的专家，率领辽大团队进入一个新的征程。在这个团队中，既有双聘院士、全国教学名师，也有国务院学位委员会评议组成员、国家社科基金评审组专家、教育部长江学者特聘教授等。

第三，我们这个家的孩子很出息。人才培养是大学的核心任务，也是检验大学办学水平的重要标志。辽宁大学60多年来培养出了一批批社会栋梁之材。这可从三个方面看：我们的毕业生中学术成就最高的已经成为院士，是我们国家顶级的专家。从政的最高成为我们国家政协副主席，达到了国家领导人的位置。在辽宁省各个部委机关、各个厅局级机关中，有大量的来自于辽宁大学毕业的学生。据统计，其中大约有300多人在厅局级左右，体现了辽宁大学在辽宁省甚至在全国的位置；从商的一批毕业生中有的成为央企和民营企业的老总，他们在中国市场经济的建设中发挥了重要作用。一代代优秀的辽大毕业生成为辽大至今为之骄傲的样板。

第四，这个家的实力很强大。辽宁大学的综合实力排在省属高校的第一方阵。现有8个一级学科博士学位授权点，62个二级学科博士学位授权点，3个博士后流动站，有世界经济、国民经济学和金融学三个国家级重点学科。在全国地方高校中，一个学校同时在经济学科拥有三个重点学科，辽宁大学唯此一家，体现了辽宁大学的学科优势和学科特色。辽宁大学还有国家经济学基础人才培养基地、高校辅导员培训和研修基地、教育部人文社科重点研究基地、转型国家经济政治研究中心，2个国家级实验教学示范中心，6个中央与地方共建高校特色优势学科实验室，体现了辽大在很多学科都站在全国很高的位置上。所以，辽宁大学办出了质量，办出了特色，办出了影响力。

同学们，你们能够有幸进入这样一个大家庭，成为辽大人，我们有资格、有资本，深感骄傲、深感荣耀地向你们的同学、你们的父母，甚至向那些不认识的人，敢于挺起胸膛说：我是辽大的学生。同时，我也衷心地期待，大家在四年当中能够进一步光大辽宁大学的荣耀。为此，特提出以下三点意见，与大家共勉。

第一，要有爱心。爱，可爱之人和可爱之事，这是小爱，而大爱无疆。爱有多大，路就有多宽。所以，在这个问题上，我们要遵守辽宁大学的校训，明德精学，做一个有德行的人。为此就需要做到：一是爱国。没有国，哪有家。我们在这个美好的校园中安心学习，是我们这个国家60多年来特别是30年来的快速发展为我们创造了非常好的物质基础。国家有财力支持我们，给予我们一些更高的待遇，同时给我们创造了非常稳定、和平、安全的环境，让我们放心安心地在这里学习。二是爱父母。父母之爱是人世间最神圣、最伟大的爱。大家走到今天，没有父母之爱，你们将无法完成这样一个跨越，无法完成这样一个"鲤鱼跳龙门"的壮举。你们进入学校，父母们将会继续为你们的学业、你们的生活操劳，当你们感受到父母的那种期盼、那种眼神、那种劳作时，我们要对这种母爱深深地汲取，在学习过程中去贯彻、去体现、去报答这种母爱。三是爱老师。我们总说"一日为师，终生为父"。他们是我们这个家庭的长者。作为长者，他们无私奉献，把他们的所知，把他们的社会资源贡献给大家，引领大家在四年大学生活中能够健康、快乐、茁长地成长。所以，我们要谦虚地、认真地向老师们学习，学习他们的知识，学习他们的做人，学习他们的风格。四是爱同学。他们是这个新家庭的姐妹兄弟，大家相聚是有缘分的，从 31 个省市自治区聚到一起，能够同窗四年，应该值得珍惜。毕业之后，当提到大学同学，提到你的同窗，甚至提到你的室友，那都是重要的资源。所以，大家要相互团结，相互尊重，特别是要有一颗包容之心。因为每个人都有自己的特点和爱好，完全相似的人聚在一起是不可能的。一个人最重要的能力就是把那些具有不同性格、不同爱好，甚至是和我们有不同说法的人团结在一起，大家共同努力，这才是我们做人的一个基本要求。

第二，要有童心。你们今天已经成人，进入大学，好像童年已经过去。但是，我到这个年龄仍然时时刻刻提醒自己要有童心，童心不泯。童心不泯是走向成功的重要法宝。这是因为：一是童心好奇。学习，研究，将来工作，没有好奇心，没有探求之心，你们将无法进入科学的殿堂，无法进入知识的领域，这是我们学习、工作、激情的源泉，探索的动力。二是童心无邪。就是我们的行为、我们的学习要符合道德的规范。我们要做到有道有德，必须保持童心无邪。三是童心无忧。我们学习过程中将面临很多困难，生活上也会面对一些压力。面对困难，面对压力，如果倒下去，肯定不是辽大的学子。那么，怎么去快乐地面对，怎么找到解决问题的途径和方法，这才是辽大人应该具有的品格。我们通过无忧去实现快乐地学习，享受学习的快乐。在快乐中成长，快乐每一天，应该成为我们的座右铭。

第三，要有狠心。所谓狠心，不是对别人狠，而是对自己要狠。我们的学生们进入新的成长阶段，特别是这四年，对自己一定要狠，因为四年转瞬即逝，一定要抓住这四年的黄金时间，打造自己未来发展的阶梯。因为在每个年龄段，都有完成每个年龄段的工作和任务，而这四年恰恰是学习，进入下一个发展阶段的重要阶梯，如果这四年晃过去，随便玩，那么你在走出校门的时候将无比后悔。太多的学子体会到了这一点。当你后悔的时候，很多事情可能已经来不及了。所以，一是狠拧自己。学习学习再学习，在众多的学子当中比别人快一步，哪怕快半步，那么你将率先露出头角，阳光将永远照耀着你。二是狠心顶住诱惑。市场经济的发达，各种诱惑扑面而来，我们在这四年中如何专注于学习，顶住这些诱惑，这是对每个辽大学子的重要考验。所以，在这四年中，要专注于自己该做的事，否则将迷失在市场经济功利的森林当中。按照管理大家德鲁克的话说："你将成为一个流浪汉，无家可归。"三是狠心坚持到底。行百里者半九十，胜利往往就是在坚持一下的努力之中，我们能够坚持到最后，胜利应该是属于我们的。所以，我们说"剩者为王"。很多人认为是胜利的"胜"，实际上应该是剩下来的"剩"。努力在这样一个长跑的过程中把自己剩下来，使自己成为胜者。只要我们的方向正确，目标可行，只要有一竿子插到底的持之以恒的精神，我们就能够达到预想的目标。

同学们，你们在学校的四年，是辽宁大学快速发展的四年，愿你们能够与辽大共成长，更期待着你们的存在使辽宁大学更加辉煌。

（序作者：黄泰岩，辽宁大学校长。此文为黄泰岩校长在辽宁大学2011级本科生开学典礼上的讲演，有删节）

辽宁大学崇山校区大门

辽宁大学蒲河校区大门

辽宁大学武圣校区大门

1958年9月，沈阳师范学院、东北财经学院、沈阳俄文专科学校三校合并后第一届学生入学

辽宁大学首届体育运动会场面

20世纪60年代，辽宁大学学生走出校门参加社会实践劳动

　20世纪70年代，外语系赴藏学生同师生交流志愿赴藏的体会

1997年7月，全校师生在蕙星广场举行隆重的庆香港回归晚会

2004年9月，辽宁大学蒲河校区第一批新生开学典礼

文科学生在文科综合实训教学中心上课

留学生在课堂上认真学习

2008年4月，辽宁大学留学生举行迎奥运植树活动

2007年2月，辽宁大学学生艺术团赴新疆库尔勒义演

2007年3月，辽宁大学学生在央视"挑战主持人"大赛中荣获冠军

2007年5月，辽宁大学举办第五届大学生素质拓展节文艺对抗赛

2008年5月，辽宁大学在汶川地震哀悼日开展"百米长卷、万人签名"悼念活动

2008年7月，共青团辽宁大学第十一次代表大会在校礼堂举行

2008年9月，辽宁大学建校60周年大型文艺晚会

2008年，服务奥运的辽宁大学志愿者出征

20011年10月，辽宁大学承办"2011中国大学生电视节"

辽宁大学学生在历届全国大学生电子设计竞赛中多次取得优异成绩（图为参赛选手认真参加比赛）

2012年6月，辽宁大学代表队在全国英语辩论赛华北赛区比赛中获一等奖

2012年6月，辽宁大学本科生毕业典礼

2012年3月，全国道德模范郭明义到辽宁大学作报告并与我校
"郭明义爱心团队"亲切交流

辽宁大学青年学生社会实践活动丰富多彩（图为大学生走进社区进行普法咨询服务）

化学院召开2009年暑期大石桥地区学生家长会

（图片编选：尚大鹏　王　悦　张贺明）

第一部分
新　家

历史撷英

■文/王　冠

初来乍到，学哥学姐们应该已经给你讲述了这个新家的有趣故事和他们作为过来人的老道经验。可是我想请你知晓的，是这个家曾经拥有的荣耀和辉煌。这一刻，不管是你正徜徉在柳枝轻摆的垂杨路上，还是端坐于古朴厚重的哲理楼内；无论是你正体验着窗明几净的励行楼里先进的实训设备，抑或是倾听着时尚典雅的艺馨楼内传出的优美吟唱，都请跟上我的脚步，穿越回过往，去和那些曾在历史上熠熠生辉的辽大前辈擦肩，去感受一段又一段令辽大人引以为豪的事儿。

60 多年建校史，100 余载沧桑情

你可能会好奇，60 年？100 年？这个新家的身世还颇复杂。

关于辽宁大学的发端，在 2008 年学校 60 年校庆前夕，我校历史学院王雅轩老教授在不辞辛苦反复求证的基础上，曾经专门发表文章进行过解释说明。现在，我们一起来择其要从头梳理一遍。

1948 年 11 月沈阳解放，东北人民行政委员会接收辽宁省立沈阳商科职业学校，以此为基础创建了招收本科生的东北商业专科学校。

1958 年 7 月，经国家批准，将东北财经学院、沈阳师范学院、沈阳俄文专科学校 3 所院校合并为辽宁大学。这 3 所院校的前身，是东北商业专科学校、东北教育学院等 12 所高校与东北人民大学（吉林大学前身）、松江师范专科学校（哈尔滨师范大学前身）、大连师范专科学校（辽宁师范大学前身）等 4 所高校的部分系科或专业。这其中历史最为久远、规模较为庞大且成为辽宁大学重要组成部分的则是东北商业专科学校。所以，辽宁大学及其前身历史的新起点，当从东北商业专科学校开始。

那么百年沧桑又从何谈起呢？这还要沿着东北商业专科学校这个线索向上溯源。东北商专是在辽宁省沈阳商科职业学校的基础上建立的，辽宁省沈阳商科职业学校的前身是清朝政府 1906 年接办的营口商业学堂，清办营口商业学堂的前身是 1904 年日本人所办的营口商业学堂和瀛华实学院。1906 年清政府接管两校，合并为一。所以，从 1948 年商业专科学校算起，校史是 64 年；从清政府开办的营口商业学堂算起，则已是百年沧桑了。

每年的 9 月 15 日是所有辽大人欢欣鼓舞、额手称庆的一天。不论是耄耋之年的老者，还是大洋彼岸的远行者，只要是从辽大走出去的人们，都会和所有在校的师生们一样，给自己深爱的辽宁大学献上最真挚的祝福。是的，就是这一天——9 月 15 日，是我们辽宁大学的校庆日。事实上，在 1958 年 7 月，辽宁大学就已经被国家正式批准成立。之所以将校庆日定在 9 月，倒没什么特别的原因，主要是因为 7 月份的时候第一批新生还没有入学，学校要举行校庆，没有学生不行。直到第一批新生入校后，在 1958 年 9 月 15 日，全校师生员工共7400 多人参加了辽宁大学的成立大会，9 月 15 日也因此被正式确定为校庆日。

初 创 期 的 实 力

在辽宁大学的发展史上，我们把 1948～1958 年这 10 年叫做"初创奠基期"。辽大能有今日之成就，与那个时期的发展状况关系密切。在那时，我们的学校可以说是"来头不小、分量颇重"。前面提到的作为学校发端的 1948 年 11 月建立的东北商业专科学校，她是我党所建的第一所人民政权属下的专门商科高校，起步之时学生数量较多、质量较高，到 1951 年，已有 6 个系，学生近 1300 人，教师 253 名，另有外籍教师几十名。这种规模在当时全国商科高校中是少有的。

辽宁大学合校之初的另外一个分支是沈阳师范学院，她是当时东北地区唯一一所重点为中学培养师资和领导干部的学校，她的前身是东北教育学院。新中国成立后，我国的教育历史掀开了新的篇章。而东北早在 1948 年就已全境解放，因而东北的教育变革较之全国更为早些。为了适应东北地区教育发展的需要，为了打好进一步发展教育的基础，1951 年 3 月，东北人民政府教育部决定创办东北教师学院，并在不久后改名为东北教育学院。大部分学员毕业、结业后，为东北各省的中学及东北地区的大学充实了领导骨干力量。

再来说说沈阳俄文专科学校的前身沈阳俄文专修学校。1950 年朝鲜战争爆发，中国人民志愿军奔赴朝鲜，全国掀起了轰轰烈烈的抗美援朝运动。中国与当时的苏联在军事上尤其是在军事装备方面来往较多，急需翻译人才。在这样的历史背景下，一所专门为抗美援朝培养翻译人才的沈阳俄文专修学校诞生了，缓解了当时的燃眉之急，为取得抗美援朝的最后胜利立下了功劳。又经过几年的发展，1958 年以前，俄专已成为全国有影响的 8 所外语院校之一。

1958 年，辽宁大学合校之初的首任党委书记是邵凯同志，首任校长是何松亭同志。那时，我校已有 13 名教授，分别是张震泽、张镜玄、陈采章、唐启贤、王昭同、江厚祺、杨成章、郑溱、严菊生、廖太初、秦耀庭、吴宗涵、白玉山。

"一本看家书"的威力

教师是学校的脊梁，教师队伍素质的高低，从根本上决定着学校人才培养质量的高低。时间回溯到 20 世纪 60 年代初，党中央提出"向科学进军"的口号，学校党委从贯彻《高教六十条》入手，大力实施师资培养 3 年规划。1963 年 3 月 28 日，在全校教师大会上，学校领导班子对师资培养提高工作提出了系统要求，形成了当时师资工作的一套章法，强调指出教师治学要有严格的要求、严肃的态度、严谨的方法；教师要肯坐冷板凳，苦练基本功，读书搞资料，每人要搞一万张卡片。这不但不是小数目，而且要靠真功夫。但是，辽大的教师们做到了，并将这种甘于寂寞、认真求索的精神传承了下来。其间更有部分教师到清华、北大等名校进修，教学水平和能力提升很快。

据哲学与公共管理学院陶银骠老教授回忆，当时对教师们触动最大、提升最快的一个要求，就是学校向教师提出要掌握"一本看家书"本领。所谓掌握"一本看家书"，是指深读一两本自己能有创见的书。这种提法在当时对于深化教师们尤其是青年教师们的理论功底、摸索治学路子方面起到了积极作用。当时，各教研室按照日进度、周进度、月计划，要求每位教师制订并完成此项计划的具体实施方案。同时，还认真安排了师徒制（即现在的导师制），由老教授每周定人、定时、定内容，进行系统的基本功、基本理论的训练和传授。当时，很多青年教师不顾困难时期腿部浮肿，自觉坚持锻炼基本功，每天钻研原著至深夜，清晨到校园里刻苦背诵，形成了一种良好的学风。教师们各自分别以一本原著或某个学科为主攻方向，以"一本看家书"进行基本理论、基本功的锻炼。实践证明，没有那一段的努力，就没有后来越来越精良的教学队伍；没有那一段的刻苦，就没有后来日益突出的教学成果；没有那一段的磨炼，就没有后来令人信服的学术发言权。可以说，"一本看家书"是辽大教师们在 20 世纪 60 年代践行"业精于勤"精神的真实写照。

"三权"、"三材"到"三新"

进入 20 世纪 80 年代，改革开放使神州大地焕发了勃勃生机，也给我们辽宁大学带来了兴旺和发展。1984 年，我校被省政府指定为辽宁省高等学校综合改革试点学校，辽宁大学从此进入了改革开放的新时期。

学校领导班子认为，要开展教育改革，不仅是体制改革，首要的是教育思想和办学模式的改革。1984 年，我校在工作计划要点中提出，本年总的指导思想概括为四句话，即"振奋精神，全面改革，提高质量，开拓前进"。在学校的发展目标上提出了"三权"、"三材"和三个"一百"的要求。"三权"：一是扩大教师的学术发言权；二是增加学校的学位授予权；三是掌好文凭发放权。"三材"：一是抓好人才（包括师资队伍建设、管理人才的培养和学生的造就）；二是建好教材；三是管好器材。三个"一百"即出版 100 部著作（当时全校有史以来仅有 23 部著作），每年考取 100 名研究生（这是本科教学水平的一个标志），引进 100 名硕士或博士研究生（当时全校具有博士学位的教师仅有 11 名）。这些教育思想的提出，对提高教学质量和学术水平起到了积极的推动作用。以扩大学术发言权为例，当时我校博士点仅有 1 个，到 1996 年全校已经有 5 个博士点和 1 个博士后流动站。至于出版百部著作则仅用 3 年时间就顺利完成了。

1987 年，为了适应改革开放的形势，学校认为必须打破旧的办学模式，使高等学校由封闭式、经验式向开放型转变，应该把竞争机制引入高等教育。由此提出辽宁大学办学要"四个面向"，即面向社会、面向企业、面向市场、面向农村，并进一步提出"深化改革、强化管理、提高质量、多出人才"的办学指导思想。在此前提下，学校组织"百名教授考察团"深入工厂、农村，考察改革形势，了解改革进程。同时，邀请各界人士来校介绍改革经验，通报改革成果。学校举办"三新"（新思想、新观念、新学科）讲座，每年有一万多人次听讲，交流了信息，活跃了思想。1988 年，学校设立校内最高奖项"振兴奖"，对学校进一步上质量、上水平起到了极大的激励作用。

龙头和旗帜——"211 工程"

1991 年 12 月，国家正式提出高等学校"211 工程"建设计划。"211 工程"是指面向 21 世纪，重点建设 100 所左右高等学校和一批重点学科。我校同其他许多高校一样，抓住这一千载难逢的发展契机，迅速拉开争进国家"211 工程"的序幕。从 1992 年年末至 1993 年间，学校根据原国家教委提出的要求，多次召开研讨会、论证会，认真分析了自身的优势和实力，认为"辽宁大学作为我省唯一一所重点综合大学，建校几十年来，在省委、省政府的正确领导和大力扶持下，从办学规模、教学质量、学术水平、管理水平和国际、国内影响等各方面均已处于全国省属综合大学的前列，受到国家教委的一贯重视"，坚信"在省委、省政府重点支持下，我校领导和全校职工上下一致，同心同德，拼搏奋进，在本世纪末或下世纪初进入'211 工程'是完全可能的"。同时，学校制定了《辽宁大学进入"211 工程"的实施计划》、《辽宁大学重点建设项目报告》和《辽宁大学综合改革方案》。1993 年 4 月，主管文教的副省长来校听取辽大争进"211 工程"工作汇报。1993 年 8 月，学校召开新学期工作会议，号召师生员工要抓住机遇，通过"211 工程"建设带动学校的改革与发展。这标志着争进"211 工程"建设已经成为辽大人的一致共识和坚定信念。1993 年年底，辽宁省公布并实施的《辽宁省教育改革和发展纲要》中明确指出："在资金和政策上积极扶植辽宁大学迅速改善办学条件，提高教学、学术水平，力争进入国家'211 工程'计划。"

1994 年 1 月，省委书记视察辽大，并作重要指示："我们国家要搞'211 工程'，作为我们这样的大学，要努力争取加入到'211 工程'。辽宁大学是辽宁代表队，省里和学校要共同努力，全力以赴。"随后，学校形成《辽宁大学争取进入国家"211 工程"纲要》（讨论稿）。经过 1995 年召开的第三届教职工代表大会的充分讨论，学校于 1996 年 3 月形成了《服务辽宁，提高质量，办出特色——辽宁大学

"211 工程"规划与实施纲要》。其间,省委、省政府和有关部门多次对"规划"提出可行性意见和建议,并于 1997 年 3 月最终形成了《辽宁大学"211 工程"整体建设规划》。

原国家教委十分关心我校的"211 工程"建设情况。1996 年 6 月,原国家教委主任到我校视察工作,明确指出:辽大进入"211 工程"会使辽宁省的学科分布更加合理,希望辽大在争进"211 工程"过程中找准位置,选好方向、目标。1996 年 10 月,省政府向原国家教委正式申请对辽宁大学进行部门预审。1997 年 3 月,国家教委鉴于我校预审工作基本准备就绪,正式批复辽宁省政府将对辽宁大学进行"211 工程"部门预审。

辽宁大学"211 工程"主管部门预审大会于 7 月 21~23 日在我校隆重举行。23 日上午,专家组组长、吉林大学校长刘中树教授代表专家组宣布预审专家组评审意见,专家组全体成员一致建议通过辽宁大学"211 工程"部门预审。霎时,会场内掌声雷动,很多人流下了激动的泪水。《光明日报》、《辽宁日报》、辽宁电视台等新闻媒体对此进行了专题报道。至此,经过近 5 年的建设和奋斗,我校进入了全国重点建设一百所高校行列,并由此跨入了一个崭新的历程。

从那时起,"211 工程"作为辽宁大学的龙头工程、旗帜工程和凝聚力工程,在学校建设过程中发挥出巨大的力量,拉动辽大实现着辉煌的跨越式发展。如今,在顺利完成一期、二期、三期建设的基础上,"211 工程"在我校的龙头和旗帜地位更加巩固。

从篮球谈起

辽宁大学的体育教育如火如荼,竞技成绩更是首屈一指,堪称体育强校,曾在历届全国大学生运动会上获得男子 1500 米、女子 100 米栏、女子铅球等多枚金牌,打破数项全国大学生运动会纪录,学校三次获得体育贡献奖"校长杯",运动健儿曾代表中国大学生参加世界大学生运动会。

作为体育强校桂冠上的一颗璀璨明珠,辽宁大学的篮球经常被提及，相信这也一定能够让你的兴奋程度陡然激增。1977年，恢复高考后的第一支辽大男子篮球队组建。这是一支阵容比较整齐的队伍，也开始了"称霸沈阳"、"威震东北"、"名扬全国"的篮球征程。1979年8月，在教育部举办的首届全国大学生"三好杯"篮球赛中，辽大男篮获得亚军，引人关注。1986年，我校男子篮球队代表辽宁省大学生参加第二届全国大学生运动会，力克上海交大，荣获冠军，受到副总理李鹏同志的亲切接见。1992年，在第四届全国大学生运动会上，辽大男篮再次在群雄逐鹿中摘得桂冠。1997年，我校男篮代表中国大学生参加了在意大利举行的世界大学生运动会。2007年，辽大男篮在第三届中国大学生男子篮球超级联赛上重振雄风，获得亚军。值得一提的是，我校女子篮球队在1979年全国大学生"三好杯"篮球赛中也获得了亚军，并于1988年举起了第三届全国大学生运动会冠军奖杯。

威名远播的长辈

"所谓大学者，非谓有大楼之谓也，有大师之谓也。"在辽宁大学64年的发展历程中，曾涌现出一位又一位重量级人物，他们用自身的灿烂光辉把我们的"家"装点得华美夺目。

史学大师周传儒。这是一位令人仰慕、学贯中西的学者。周先生自幼家贫，但聪颖过人，6岁上小学，15岁读中学，19岁考取北师大史地系，成绩始终名列前茅。毕业后曾在商务印书馆当编辑，与叶圣陶、沈雁冰、郑振铎、胡愈之、周建人等共事，彼此往来甚密。25岁时，周传儒先生以全国前10名的成绩考入清华研究院国学门，受业于王国维、梁启超、陈寅恪等史学大师。那时，梁启超讲授《历史研究法补篇》、《儒家哲学》、《古书真伪及年代》等，令周传儒笔记（速记），整理后皆成精美论文，随堂分发，前后两年，集成10万言资料，后来周传儒收录在《饮冰室合集》中。梁启超曾带周传儒去青岛看望康有为，介绍说周传儒是自己的得意弟子，其喜爱、器重之情溢于言表。之后，周先生以历史学全国第一名的成绩考取官费留学，入英国剑桥大学深造，后因研究"英德同盟"这一近代外交史上空白项目的需要，入德国柏林大学学习，并获博士学位。

周先生在我校历史系任教多年，尽管遭遇"文革"摧残，但学者的傲骨和对学术的执著始终不改。他在自传结尾曾写有这样一段话——"伏枥老骥，犹思一骋，风雨羁鸡，安可不鸣？"充分反映了他的不衰壮志。周老先生博学强识，史究中外古今，语通英、德、俄，对学生影响颇深。他的学生在博客中追忆周老先生，说他八十高龄，身体虚弱，但精神饱满，始终坚持站立授课，而且讲课内容精深，学生们"只有赞叹，连评价都做不出来"。博客中还有这么一段，从中可见周传儒老先生的学术功力。"中国社科杂志中，《中国社会科学》是中国的学人们都不免有些仰视的权威杂志。文史哲经界的男女学者、老少爷们儿，能在上面发一篇文章，讲师十有十成能当副教授，副教授十有八成能升正教授。双月刊，一年也就发个五六十篇论文。就是这样一个牛哄哄的杂志，周老先生在八十年代平反复出后，稍微整理旧作，一年中就连续发了两篇，且都是编辑降尊纡贵、登门组稿的。这记录，大概至今无人能破。而且，据说此两文一发表，马上就被国外杂志翻译过去。其学之深也如此。"

著名语言文字学家、书法家张震泽。张震泽先生是国务院批准的有突出贡献的专家。他倾尽一生心血研究古老而艰深的知识领域，并做出了杰出贡献。他早年就读于山东青岛大学，受教于郭沫若、闻一多、游国恩、丁山、萧涤非等著名学者。他知识渊博，遍览群书，文字学、声韵学、训诂学、版本学、校勘学、目录学、考古学、器物学以及古代哲学、艺术无不悉心钻研。他一生著述颇丰，共有学术专著16部，编写教材8种，发表论文50篇，总计数百余万字。

1972年，山东临沂银雀山出土汉代竹简1900多枚，多为兵书，其中有失传2000余年的《孙膑兵法》30篇，最受海内外学者珍视。张震泽先生积数年之功进行研讨，撰写成专著《孙膑兵法校理》，由中华书局出版。该书既对文字进行了校订，又对有关史事进行了考证，纠正旧注讹误121条，增注268条，最大限度地恢复了《孙膑兵法》原简的本来面目，并提出了很多有价值的看法，最后还附有竹简摹本，被称为研究《孙膑兵法》成果最突出的著作。美国夏威夷大学一位汉学家将《孙膑兵法校理》译成英文出版，并专程来华向张先生赠送译本。他说："您不仅是中国的著名学者，也属于全世界。"张震泽先生对《诗经》研究精深，颇有"新"得。《诗经》作为一部中国文学的开山著作，一直是学术研究的焦点之一，要在这一人们熟悉的领域提出令人耳目一新、心悦诚服的创见，实属不易之事。张先生凭借对先秦汉魏六朝文明的长期钻研，独辟蹊径，从新的角度研究《诗经》，把其作为社会性质的史料进行解读，写成专注《诗经新论》，见解新颖，令人感佩。他发表的《诗经赋比兴本义新探》一文，深得启功先生欣赏，认为于前代之说有廓清之功，与自己的看法不谋而合，并因此与张震泽先生结成文字之交。

张先生幼时即喜好书法，后来由于研究的需要，更是临摹简书、帛书数年不辍，终成专擅。他的书法作品多次在国内外参展，被收入《中国书法百家墨迹精华》和日本出版的《中国现代书画家作品集》等书中。

经济学学术泰斗宋则行。在辽宁大学，唯一一栋以人名命名的楼宇是"则行楼"，唯一一条以人名命名的街路是"则行路"，唯一一尊教师塑像是宋则行半身塑像。由此，宋先生在辽大的地位可见一斑。

宋先生先后就学于中央政治学校大学部、南开大学经济研究所和英国剑桥大学。在剑桥大学读书时，师从世界著名经济学家斯拉法教授和琼·罗宾逊教授。琼·罗宾逊教授是经济学家凯恩斯的嫡传弟子，著名的女性经济学家，新剑桥学派著名的代表人物和实际领袖。应该说，宋先生是我国少有的直接师从于当时的西方经济学大师的人。1948 年，宋则行获剑桥大学经济学博士学位，并成为英国皇家经济学会终身会员。

1949 年，响应党的号召，宋则行从上海来到东北，任东北统计局研究员。从 1952 年起，先后在东北计划统计学院、东北财经学院、辽宁大学任教，1979～1983 年兼任辽宁大学副校长、校学术和学位委员会主席，担任外国经济思想史、西方经济学专业博士生导师，为辽宁大学功勋教师、终身教授。兼任中华外国经济学说研究会副会长、名誉会长，全国外国经济史学会会长、全国世界经济学会副会长等职。曾任第三届、第五届、第六届、第七届全国人大代表，第七届全国人大常委，为九三学社中央常委。曾获全国优秀教师、国家特殊贡献专家等光荣称号。

宋先生的教学和研究领域涉及政治经济学、外国经济史、当代西方经济学和中国社会主义经济理论等多个领域。他学术造诣极深，特别是在西为中用、用现代经济学方法研究中国社会主义经济理论方面创造了数个全国第一：第一个在全国提出社会主义社会"总需求"与"总生产"相平衡的综合平衡理论，主持编写了全国第一本《社会主义宏观经济效益概论》、国家计委第一本《社会主义经济调节概论》、全国高校第一本《社会主义宏观经济学》等。他的经济思想主要体现在《宋则行经济论文集》、《马克思经济理论再认识》和《转轨中的经济问题研究》中。这些研究成果奠定了辽宁大学在全国高校社会主义宏观经济理论研究方面的领先地位。2009年，"影响新中国60年经济建设的100位经济学家"推选结果公布，宋则行教授以其突出的学术成就和学术影响力位列其中。

抗美援朝反细菌战专家秦耀庭。秦耀庭曾于1911年加入中国同盟会，参加了辛亥革命。1914年，他从齐鲁大学毕业后留校任教。他长期从事昆虫学研究，并将研究重点放在与人体卫生直接相关的医学寄生虫学上。为了深入了解中国医学寄生虫的状况，他长期进行实地考察。1949年前，他跑遍了东北三省及其他一些地区，采集了成千上万个昆虫标本，整理了数十万字的第一手资料。他先后撰写发表了《在满洲探到的蚊子》、《自猫体得到的旋毛虫》、《在满洲得到的羽斑安蚊》、《在奉天之蝙蝠血中得到的锥虫》、《满洲疟疾之调查》等论文和报告。其中，羽斑安蚊、猫体旋毛虫、蝙蝠血中锥虫均为秦耀庭在中国首次发现，对寄生虫学的研究和人体寄生虫病的防治具有重要的价值。

1948 年东北解放后，秦耀庭任辽宁医学院教授。当时，东北林区脑炎流行，对人的生命威胁很大。秦耀庭带领虫媒小组，深入林区调查研究，弄清了森林壁虱为传播该病之源，从而找到了有效地防治该病的办法，受到了人民政府的通报嘉奖。

抗美援朝战争开始后，秦耀庭被聘任为中国人民解放军专家委员会成员，参加反对美帝国主义发动的细菌战的工作。由于他在这一工作中做出了突出贡献，中央人民政府授予他金质奖章，并颁发了奖状。

从 1959 年 6 月起，秦耀庭任辽宁大学生物系教授兼系主任，继续进行医学寄生虫学的研究，先后撰写发表了《鼠、猫、犬旋毛虫之调查》、《屈出的蛾蚴幼虫》、《在东北新发现的三个蚊种》、《东北的蚊种及其分布》、《新发现的普拉伊蚊》、《姜片虫在人体内寄生期的观察》等论文和报告 30 篇。与此同时，他还进行了关于蛇的分类和利用的研究。他广泛收集蛇类标本，先后采集到 40 多种、1000 多条蛇，经过分类研究，发表了《蛇毒资料（一）》、《大蝮蛇吃小蝮蛇》、《东北、内蒙之蛇类及其分布》等论著。1965 年，他开始运用蛇粉治疗关节炎、神经痛等疑难病症，先后积累了 600 多个病例资料，在此方面做出了突出贡献。

共和国总理周恩来的老师张镜玄。张镜玄先生是辽宁大学合校之初的 13 位教授之一，早年毕业于北京大学哲学系，1956 年 8 月辽宁省文史研究馆成立之初，他曾担任副馆长之职。张先生是每个中国人乃至世界人民都敬仰爱戴的共和国总理周恩来小学时的老师。据知情人回忆，周总理一次到沈阳，在回京后曾提起过张镜玄老师。后来，沈阳市教育局询问过我校，说当年教过周总理的一位小学老师名叫张镜玄，经调查，应该在辽大哲学系当教师，是否有这一情况。我校相关部门负责人来到张老师家，询问张老是否记得周总理当年在沈读书时的情形。张先生一五一十，滔滔不绝，讲了许多当年旧事以及对周总理少年读书时的印象。当我校的工作人员说"周总理还记得您"时，张先生既非常吃惊又非常高兴。后来，沈阳六中（当年周总理在沈求学时就读的奉天东吴模范学校）改建，恢复周总理读书时学校的面貌，请张镜玄老师当顾问指导，张先生为此发挥了不小的作用。

获得列宁勋章的中国飞行员唐铎。唐老的人生有着传奇色彩。14岁时，他就成为毛泽东、蔡和森领导下的湖南进步学生组织"新民学会"的会员。在毛泽东的安排下，他随蔡和森到河北留法勤工俭学预备班学习法语。第二年，"五四运动"爆发，唐铎经毛泽东介绍，住在北京杨昌济教授（杨开慧之父）家里，跟随年长的同学，成为"五四运动"的积极参加者。1920 年 5 月，唐铎到法国勤工俭学。1921年，他参加了留法勤工俭学学生争取生存权和求学权而发起的"二八运动"，并与留法的蔡和森、陈毅、李立三等老一辈无产阶级革命家一起参加了进占里昂中法大学的斗争。回国后，他继续投身到革命洪流中来。1923 年，他到广州，在孙中山领导的国民革命政府航空局飞机制造厂学习航空飞行技术，后被录取为国民革命军军事飞行学校学生。1925 年 10 月，被派往前苏联空军院校深造。

由于飞行技术娴熟，唐铎曾作为十月革命节飞越红场接受检阅的飞行员而受到斯大林的接见和宴请。在前苏联卫国战争期间，他以实习副团长一职奔赴前线，驾驶战鹰搏击长空，英勇杀敌。尤其是在1945 年夺取列宁格勒和加里宁格勒的空战中表现神勇，战绩显赫。唐铎曾荣获多枚列宁勋章、红旗勋章、红星勋章、苏联卫国勋章等前苏联最高荣誉勋章。在第二次世界大战军事历史中，他是绝无仅有的与纳粹德国空中强盗格斗于蓝天的黄皮肤的空中英雄。

战争结束后，报效祖国的热望使唐铎归心似箭，但前苏联方面不肯放人。为此，周恩来、刘少奇、任弼时等国家领导人都曾出面与前苏联交涉过此事。1953 年，经过再三努力，唐铎终于如愿回到祖国，朱德总司令接见了他，他也开始了为中国的空军事业做出贡献的新征程。1955 年，唐铎被授予中国人民解放军空军少将军衔。

1964 年，唐铎到辽宁大学工作，曾任党委委员、副校长、副书记。唐铎副校长分管的工作有一项是体育。尽管年事已高，但他仍和学生一起踢球、运动，很多比赛都亲临赛场。在他的领导和努力下，辽大体育蒸蒸日上、愈攀愈高，为日后的持续发展奠定了良好基础。

身经百战、赤胆忠心的老红军刘克之。说刘克之身经百战一点都不夸张，他先后经历了中央苏区五次反"围剿"、二万五千里长征、抗日战争、解放战争以及抗美援朝战争，可谓历尽艰辛、九死一生，为国家、民族和人民做出了巨大贡献。刘克之 15 岁参加家乡农民暴动，并加入农民协会和游击队，从此掀开了出生入死的战斗篇章。1930～1935 年，他参加了第一次、第二次、第三次、第四次、第五次反"围剿"战斗，左手两次负伤。1934 年 10 月随中央红军长征，面对敌人的围追堵截，面对激流汹涌的江河、寒风刺骨的雪山、荒无人烟的草地以及随时有可能吞噬生命的沼泽地，面对饥寒伤痛的折磨，他从来没有退缩，而是以一个革命者的大无畏气魄，征服了所有的艰难困苦，征服了常人难以想象的漫漫征途。

刘克之在四渡赤水战役中，率领侦察人员化装后深入虎穴，侦察敌情，为攻克遵义城做出了贡献。抗日战争时期，他先后担任河北省民军游击大队大队长、河北省民训处人武部主任兼队长、河北冀游三区营长、山西保安三师营长、山西省武乡县独立营营长等职。在打击日本侵略者的战斗中，他身先士卒，奋勇杀敌。在山西进行兵运期间，他曾成功地策反一连敌军投入到抗日队伍中。在著名的平型关战役和百团大战中，他冲锋陷阵，奋不顾身，屡建奇功。

刘克之一生经历的大小战斗不下 100 次，每次都冲锋在前，并多次机智地死里逃生，顽强地活了下来。最严重的一次是在抗日战场上，刘克之被日军炮弹弹片打中头颅，生命危在旦夕，经后方医院积极抢救才与死神擦肩而过。"敌人打不死、克不死的刘克之"一时名扬军旅。

老老实实做人，踏踏实实做事，不求大富大贵，只求问心无愧，这是刘克之一贯的做人准则。在工作中，他总是对同事和下属关怀备至，特别乐于助人。离休后，常讲"要想红旗飘万代，必须教育好下一代"的他经常到附近的学校给小学生讲述红军的故事，对孩子们进行革命传统教育。伴随他历经百战的一双草鞋，至今仍保存在辽宁大学。

领导与名家的关怀

辽宁大学有着自己的尊贵地位，很大程度上表现在那些德高望重的人们给予我校的关注和认可。

朱德元帅题写校名。1959 年 5 月，开国元勋朱德元帅在视察东北时挥毫泼墨，亲自为我们题写了校名"辽宁大学"，这体现出中央领导对辽宁大学的充分肯定与高度重视。我们常常亲切地称这 4 个字为"朱德体"。每天看着"辽宁大学"这 4 个遒劲的大字，我们都深感自豪，也深知任重。

老一辈无产阶级革命家陈云为经济学院题写院名。我校经济学院成立于 1984 年，当时的院名为"经济管理学院"，这在全国还是比较早的，当时只有北京大学、中国人民大学、南开大学、复旦大学、厦门大学等少数几所教育部所属的高校成立了经济学院，而地方性大学中只有辽大成立了经济管理学院。时任中央政治局常委、中共中央纪律检查委员会第一书记的陈云同志是中国社会主义经济建设的开创者和奠基人之一，他对我校经济学院的成立给予了高度关注，亲自题写了"辽宁大学经济管理学院"院名。

国务院副总理李鹏视察我校。1986 年 8 月，时任国务院副总理的李鹏同志在全国第二届大学生运动会上接见了荣获男篮比赛冠军的我校运动员，他对我校的关怀也自此开始。同年 11 月，李鹏副总理亲临我校视察，为我校当年竣工的辽宁省高校重点建设项目、沈阳市十大建筑之一——蕙星楼题写了楼名，并为我校出版社题词"出版为教学科研服务"。

文化领袖郭沫若为《辽宁大学学报》题写刊头。1972 年 9 月，我校给时任全国人大常委会副委员长的郭沫若同志致信，邀请郭老为《辽宁大学学报》刊名题字。郭老欣然应允，挥毫泼墨。于是，"回锋转向、逆入平出"的"辽宁大学学报"6 个大字洒脱而出。

著名作家茅盾题赠《辽宁大学报》"朝花"副刊。《辽宁大学报》

创刊于 1958 年，当时报纸的名称为《辽宁大学》，后改为《辽大校报》，现在的刊名为《辽宁大学报》。1979 年，该报的文艺副刊"朝花"创刊，给时任全国政协副主席、全国文联副主席、作家协会主席沈雁冰（茅盾）老人家写了一封短信索字求墨。沈老很快寄来了为我校校报副刊"朝花"题写的刊头。这两个圆润、秀劲的大字，激励着一代又一代如朝花般蓬勃灿烂的辽大学子孜孜以求、勇往直前。

今日辉煌

■文/高　亮　李玉华

当下概览

　　辽宁大学是国家"211工程"重点建设院校之一，是拥有文、史、哲、经、法、艺、理、工、管等多学科的辽宁省唯一的综合性大学。辽宁大学初创于1948年11月东北人民政府在沈阳建立的商业专门学校，建校之初即招收四年制本科生。1958年9月15日，东北财经学院、沈阳师范学院和沈阳俄文专科学校合并，组建成辽宁大学，开国元勋朱德同志亲自题写了校名。合校之初，学校就拥有9个系18个专业的办学体系和5761名学生的办学规模。1978年，学校被辽宁省委、省政府确定为省属重点综合性大学；1984年，被省政府确定为辽宁省高等学校综合改革试点学校；1997年7月，学校通过"211工程"主管部门预审，成为教育部"211 工程"重点建设院校。

目前，学校设有 25 个学院，即文学院、历史学院、哲学与公共管理学院、经济学院、商学院、法学院、外国语学院、广播影视学院、国际关系学院、马克思主义学院、亚澳商学院、新华国际商学院、本山艺术学院、数学院、物理学院、化学院、药学院、生命科学院、环境学院、信息学院、轻型产业学院、人文科技学院、汉语国际教育学院、成人教育学院/继续教育学院、公共基础学院。

现有专任教师 1230 人，其中教授 270 人、副教授 457 人，博士生导师 88 人，享受国务院政府特殊津贴专家 81 人，长江学者特聘教授 2 人，双聘院士 1 人。

现有本科专业 62 个；一级学科硕士学位授权点 26 个，二级学科硕士学位授权点 160 个，其中设有 EMBA（高级管理人员工商管理硕士）、MBA（工商管理硕士）、MPA（公共管理硕士）、JM（法律硕士）、MTCSOL（汉语国际教育硕士）、MFA（艺术硕士）等 21 个专业学位授权点；现有理论经济学、应用经济学、工商管理、中国语言文学、哲学、法学、化学和统计学等 8 个一级学科博士学位授权点，具有二级学科博士学位授权点 62 个，有 3 个博士后流动站；设有世界经济、国民经济学和金融学 3 个国家重点学科、32 个省重点学科；设有国家经济学基础人才培养基地、高校辅导员培训与研修基地和教育部人文社会科学重点研究基地——转型国家经济政治研究中心、辽宁大学—澳门城市大学澳门社会经济发展研究中心。学校有 2 个国家级实验教学示范中心、6 个省级人文社科重点研究基地、7 个省级重点实验室、2 个省级工程技术研究中心、5 个省级实验教学示范中心、6 个中央与地方共建高校特色优势学科实验室、7 个中央财政支持地方高校教学实验平台、2 个省高等学校创新团队。截至 2011 年底，学校有全日制在校学生 2.8 万余人，其中本科生 2 万余人，研究生 6700 余人，外国留学生 1300 余人。

建校以来，辽宁大学已为国家培养各类学生 15 万余人，为美国、日本、俄罗斯、韩国、意大利、英国、法国等 94 个国家培养长期留学生 8000 余人，短期留学生 3000 余人。学校分别与俄罗斯伊尔库茨克国立大学、立陶宛维尔纽斯大学、塞内加尔达喀尔大学共建孔子学院，精心打造的孔子学院品牌跨越亚、欧、非三大洲，国际化办学步入全新的发展阶段。

学校现有 3 个校区，即沈阳崇山校区、沈阳蒲河校区和辽阳武圣校区，教学区占地面积 2016 亩，校舍建筑面积 61.8 万平方米，各类实验教学中心（室）28 个，实习基地 123 个，教学科研仪器设备总值 17777 万元。公共服务体系建设较为完善，图书馆总面积达 4.2 万平方米，馆藏文献 230 余万册，其中珍本、善本书 300 余种，被联合国出版部指定为联合国文献收藏图书馆，是国务院批准的"全国古籍重点保护单位"。学校设有历史博物馆、自然博物馆，珍藏 2000 余件文物和 1.6 万多号生物标本。校园网是中国教育和科研网的组成部分，已成为沈阳北部大学区域节点。

办 学 特 色

第一，学科专业门类比较齐全。辽宁大学是融文、史、哲、经、法、艺、理、工、管为一体的学科专业门类比较齐全的地方综合性大学。在学校各类全日制在校生中，文科学生大体占 2/3，理工科学生占 1/3。辽宁省理工科类院校数量居多，由此而言，学科门类比较齐全且以文科见长的辽宁大学在全省高校中发挥着不可替代的作用。学校的一些学科专业，如博士点——哲学、经济法学、文艺学，一级学科硕士点——新闻传播学，二级学科硕士点——人口学、民俗学、档案学、广播电视艺术学等，截至目前，在全省高校中还是少见的，甚至是唯一的。

第二，优势学科居于全国先进水平。经济和管理学科，尤其是经济学科是辽宁大学的优势学科。经济学科大门类分成理论经济学和应用经济学。辽宁大学的理论经济学和应用经济学获批一级学科博士点的时间均早于一些"985"院校。其中，理论经济学获批的时间是 2000 年，在四川大学、南京大学等之前；应用经济学获批的时间是

2003 年，在武汉大学、吉林大学等之前。在经济学科中，辽宁大学拥有 3 个国家重点学科，即世界经济、国民经济学和金融学。在全国地方高校中，一个学校在经济学科门类拥有 3 个国家重点学科的只有辽宁大学一家。在全国全口径高校当中，辽宁大学的经济学科也居于先进水平。辽宁大学已经实现经济学科博士点的全覆盖，并拥有教育部人文社会科学重点研究基地"转型国家经济政治研究中心"、"辽宁大学—澳门城市大学澳门社会经济发展研究中心"。在教育部学位中心 2007～2009 年全国学科排名中，我校理论经济学位居第 17 位，应用经济学位居第 21 位。《2009～2010 年中国研究生教育评估报告》显示，我校在经济学门类 254 所高校竞争力排名中位居第 12 位。可以认为，辽宁大学经济学科的总体实力在全国高校中不仅具有比较优势，而且具有一定的竞争优势。学校的管理学科也拥有一级学科博士点，工商管理在教育部学位中心全国学科排名中位列第 27 位，在全国高校中也处于先进行列。同时，辽大的文、史、哲、法等其他学科在全国高校尤其是在地方高校中也具有一定的比较优势。2010 年，学校又获批中国语言文学、哲学、法学 3 个国家一级学科博士点，为实现文科博士点的全覆盖打下了重要基础。除了经济管理学科和人文学科之外，学校的理工学科经过近 10 年的重点培育，化学最终获得了一级学科博士点。

第三，人才培养模式一贯主动创新。20 世纪 90 年代中期，辽宁大学在全国率先启动素质教育，开展了"百题讲座"，设置类内、跨类必选课，并纳入学分，旨在拓展学生的视阈，培养学生的创新思维与能力。在此基础上，1999 年学校推出"三项工程"，即名教授执教本科生核心课工程、用外语讲授专业课工程和本科生导师制工程。用外语讲授专业课是学校实现教学与国际接轨的重要一步。学校对国际精品教材进行筛选，鼓励教师用外语为学生授课，以此提高广大专业课教师和学生的外语水平。美国助理国务卿、朝核问题六方会谈美国代表团团长希尔先生考察辽大时曾与学校教师进行亲切交流，对我校教师出色的外语水平表示赞叹。本科生导师制即为高年级本科生配备导师，对学生撰写论文、科学研究和社会实践给予具体指导。"三项工程"出台之后在全国引起了强烈反响，教育部高教司领导指示辽宁大学形成文字材料，下发给全国70多所重点院校，以资借鉴。从2007年开始，为进一步调动学生学习的主动性和自觉性，变"要我学"为"我要学"，学校启动考试制度改革。以此左右教师怎么教，学生怎么学。这项改革实施3年多来非常成功，学生的素质得到了极大提升。目前，学校又全面启动实施了宽口径、大门类通识教育创新型人才培养方案。通过人才培养体制机制创新，学校培养出的学生竞争力明显增强。毕业生及在校生相继荣获"第三届全国道德模范"、"中国大学生自强之星"、"辽宁教育年度人物"称号；学生在"挑战杯"全国课外科技作品大赛、全国大学生电子设计大赛、全国大学生数学建模竞赛、全国高校建筑信息模型大赛、全国大学生广告艺术大赛等各类高水平赛事中成绩突出，在"外研社杯"全国英语辩论赛中，成为全省唯一一所连续两年获得一等奖的高校；成功承办"2011中国大学生电视节"，学生作品喜获最佳创意短片奖；本科毕业生4年来的年终就业率平均为93.89%。学校荣获全国高等教育学籍学历管理先进集体称号。

在优秀校友中，有领导干部，如中共中央委员、中央机构编制委员会委员、办公室主任王东明，省政协原主席、全国政协民族和宗教委员会副主任肖作福，福建省委书记孙春兰等；有企业家，如中国联通首席执行官田溯宁、中国大唐常务副总蔡哲夫、中石化常务副总李万余等；有知名学者，如北京大学副校长、中科院院士王恩哥，中国社科院副院长武寅等。

第四，师资队伍建设卓有成效。学校高度重视梯队建设，实施人才强校战略，尤其是紧密结合学科发展和人才培养方向，统筹规划，设计生成，强力推进领军人才的引进与培养，师资队伍建设卓有成效。

在领军人才引进方面，学校成立人才工作办公室，实施"一把手工程"，采取超常规举措引进海内外学术领军人才。2008年，学校聘

23

任北京大学副校长、中国科学院院士、物理学家王恩哥作为学校的双聘院士。2011年，引进了教育部首批人文社会科学长江学者特聘教授、教育部新世纪优秀人才支持计划入选者黄泰岩教授。截至目前，共引进中青年学术带头人和具有博士学位的优秀青年教师87人，其中经济学科引进了辽宁省优秀博士论文获奖者，化学学科从英国引进两位国家自然科学基金项目主持人。同时，学校积极拓宽引进路径，采取"软体引进"的办法，引进国内外顶尖学科专家，提升学校师资队伍的教学科研水平。其中，政治学学科采取此种策略，引进了复旦大学国际问题专家倪世雄教授，系统讲授研究生课程，并指导该学科的发展建设和专任教师的科研工作。化学学科聘任比利时根特大学无机及物理化学系 Francis Verproot 教授为讲座教授，每年到校授课3个月，并在实验室指导学生科研，合作发表科研论文。

在高度关注外部人才引进的同时，学校进一步加大校内培养领军人才和学术带头人的力度，紧紧围绕重点学科建设，实施人才培养四项工程，即学术带头人培养工程、学术带头人第二梯队培养工程、中青年骨干教师培养工程和35岁以下优秀青年教师培养工程，培养内部产生的长江学者特聘教授，形成高水平、高素质的学术团队。目前，学校师资队伍中既有长江学者特聘教授、国务院学位委员会学科评议组成员、教育部教学指导委员会成员、教育部新世纪优秀人才支持计划入选者，又有省首批领军人才、首届哲学社会科学成就奖获得者、省级优秀专家、攀登学者、首批特聘教授、省"百千万人才工程"百人层次者等优秀人才，已经组成一支225人的结构合理、实力较强、跨越四个层次的校级学术梯队。师资队伍结构进一步优化，整体水平显著提升。专任教师的博士率达37％，国家重点学科的专任教师博士率达到82.5％；具有正高级职称教师人数达270人；校内博士生导师88人。师资队伍国际化水平大幅提升，学校共资助126人次参加国际学术会议，学术梯队成员中具有国外学习研修经历的人员已达70％以上。在国家、省部级的荣誉、资助计划的获批方面，学校学术带头人梯队成员中有国务院学位委员会第六届学科评议组成员3

人，教育部新世纪优秀人才支持计划入选者 2 人，辽宁省高等学校攀登学者支持计划 3 人，辽宁省哲学社会科学成就奖获得者 2 人，辽宁省"百千万人才工程"百人层次 11 人，辽宁省"百千万人才工程"千人层次 23 人（其中 19 人为学术梯队成员），首批"辽宁特聘教授"4 人（1 人为学术带头人梯队成员，1 人为学术带头人第二梯队成员，2 人为中青年骨干教师梯队成员）。学校"转轨国家经济"、"东北老工业基地发展与创新研究"、"东北老工业基地就业与社会保障研究"、"市场经济秩序法律保障研究"、"功能聚集体材料的合成及应用"、"绿色合成与先进材料制备化学"等团队获批辽宁省高等学校创新团队。

第五，国际化办学水平不断提升。辽宁大学国际交流工作的历史比较悠久，1965 年就被国家首批指定为外国留学生培养单位。2000 年，辽宁大学开始和澳大利亚维多利亚大学开创"2＋2"双文凭模式，2004 年又将这一模式推广到与英国德蒙福特大学联合办学。这两个国际学院均通过教育部正式批准，时任国务委员陈至立、教育部部长周济考察辽大时均对亚澳和新华两个商学院给予高度评价。与此同时，学校在推进孔子学院建设方面也取得了显著成绩。2007 年，学校在俄罗斯伊尔库茨克国立大学创建了第一个孔子学院。国务委员陈至立同志率包括时任教育部部长周济在内的 13 位部长或副部长为孔子学院揭牌。2010 年，学校与立陶宛维尔纽斯大学共同创建的维尔纽斯大学孔子学院成立揭牌，受到立陶宛议会和政府的高度重视，在新闻媒体和社会各界引起强烈反响。2011 年，塞内加尔达喀尔大学与国家汉办孔子学院总部签署了建立孔子学院的协议，并与辽宁大学签署了孔子学院的执行协议。至此，学校精心打造的孔子学院品牌跨越亚、欧、非三大洲，国际化办学步入全新的发展阶段。在短短 4 年中，学校与美国、俄罗斯、英国、法国、德国、乌克兰、荷兰、比利时、意大利、西班牙、瑞典、斯洛文尼亚、加拿大、澳大利亚、巴西、立陶宛、塞内加尔、韩国、日本、朝鲜等 20 个国家的高校新签署了 33 项合作协议，开展了辽宁大学与耶鲁大学"辽沈滨海区域生态共生研究"、"中英纳米商业化体系比较研究"等国际合作研究。还与比利时根特大学建立了"中国学期"长期协议项目，这是欧洲高校首个承认中国大学学分的项目。

第六，服务经济社会发展贡献突出。在服务辽宁老工业基地全面振兴方面，1999 年国家"九五"社科基金重点项目"振兴辽宁老工业基地"，以 8 本书的最终成果形式问世，被认定为"在我国同领域研究中具有领先水平"，时任辽宁省委书记闻世震同志亲自题写书名；2005 年，在时任辽宁省委书记李克强同志的重托下，学校承担的《开发性金融理论与实践导论》一书正式出版，为辽宁省争获国家开发行500 亿软贷款提供了重要的理论支持；2008 年，辽宁省省长陈政高在省人代会报告中讲到辽宁省主要的社会经济指标增速要全面超过东部沿海地区，但今后的路怎么走，让辽大加强这方面的研究。学校中标全国重大招标课题，完成了《东北老工业基地改造与振兴研究》，并入选首批"教育部哲学社会科学重大课题攻关项目成果文库"，为辽宁老工业基地全面振兴提供了重要的智力支持，成为我省 14 个市高级领导干部的必读书；《"十二五"中小企业成长规划》是我国首个关于中小企业发展的国家级专项规划，成为中小企业成长的纲领性文件；"效率和公平相互协调的初次分配制度改革研究"、"东北亚区域合作与我国东北地区对外开放研究"两个教育部哲学社会科学重大课题攻关项目和"城乡社会保障体系协调发展研究"、"制度变迁视角下的中国二元经济转型研究"、"完善我国社会保障体系和提高社会保障水平研究"与"我国先进装备制造业发展路径研究"4 个国家社会科学基金重大项目中标课题，不仅立足于我国转变经济发展方式的热点问题，更对后金融危机时代中国经济转轨与社会转型提供了理论素材；学校策划生成了东北亚发展论坛永久主题"相邻互动、和谐共生"，并在学校连续举行论坛活动。在自然科学方面，学校的"高效KCS有机复合肥应用研究"项目被列入国家科委火炬计划、国家重点产品计划和科技部西部大开发的重点推广项目；承担了科技部重大专项"十二五"水专项的子课题研究；学校教师研制的"结缕草"不仅出口欧洲，而且以其特有的优势在国内得到广泛应用；"稀散金属铼功能化合物的合成及其绿色溶剂研究"等 3 项成果获得省自然科学奖，另 3 项成果获得省科技进步奖；林蛙养殖技术惠及数十万农民。

第七，党建与思想政治工作成绩显著。学校一直以来高度重视领导班子建设，以提高思想政治素质和办学治校能力为重点，建设学习型领导班子。制订《辽宁大学推进学习型党组织建设实施方案》，实施辽宁大学党建规划纲要，对班子思想政治建设提出了要求。为提升学习层次，邀请教育部、中央党校等专家学者来校讲座，班子成员每人每年至少到联系学院讲一次党课，写一篇理论文章，以校党委名义编写一本理论书籍。撰写的《知识分子党员永葆先进性及其实现途径》成为全国党的先进性建设理论研讨会百篇入选论文之一，《英美两国文官制度比较研究及启示》获中组部课题成果二等奖，《社会主义荣辱观理论研究》获辽宁省哲学社会科学成果一等奖（省政府奖）。作为辽宁省高校试点单位，学校很好地完成了深入学习实践科学发展观活动的各项任务，认真查找制约学校发展的突出问题，推动学校各项事业科学发展，最终群众满意率达 99.04%。目前，学校以创先争优活动为契机，扎实推进"五个工程"，获得了中组部李源潮部长的充分肯定。学校党委先后荣获"全国党的建设和思想政治工作先进高等学校"、"全国先进基层党组织"和"全国先进集体"等称号，荣获全国五一劳动奖状，更作为地方高校代表在全国高校第 19 次党建会上作了典型发言。同时，学校着力从制度层面加强基层党组织建设和党风廉政建设，在原有反腐倡廉系列制度基础上，出台了《严格规范领导干部操办婚丧嫁娶等事宜的暂行规定》、《处级领导干部任期经济责任审计的暂行规定》，实施了领导干部离任审计制度、《关于由党委集体讨论决定事项的规定》、《干部任免全委会票决制》以及《党代会、教代会代表常任制》等规章制度。学校高度重视民主建设，充分发挥工会、共青团、妇联、学生会、学生社团联合会、各民主党派、无党派人士、离退休老同志的作用，充分发挥学术委员会、学位委员会、教学督导团等组织的作用。狠抓学生思想政治教育工作，加强辅

27

导员队伍建设力度，推行班主任制，创新设立网络辅导员，形成了党总支书记负总责、副书记为第一责任人、辅导员为直接责任人、班主任为人生导师的思想政治教育工作体制。积极开展大学生心理健康教育和就业创业教育，学生综合素质不断提高。

文化品鉴

■文/张　洋

　　一所大学之精髓在于文化。60多年来，辽宁大学在改革中奋进，在发展中前行，逐步积淀形成了具有辽大人群体特征的文化。在大学文化的指引下，一代又一代辽大人励精图治，锐意创新，历经艰难而从不畏惧，历经挑战而从未退缩，书写了一段又一段青春颂歌，更将辽大文化代代相传，融入每一个辽大人的血液之中。步入辽大校门的莘莘学子，你们将在以明德精学、笃行致强的校训精神为核心的辽大文化氛围中茁壮成长，展开你们人生新的旅程。现在，请跟随我们的介绍，亲身领略辽大文化的魅力吧！

校 训 和 校 徽

　　斗转星移，岁月如歌。六秩春秋，辽大腾飞。回首过去，也许有人会问："是什么力量引领辽大人前仆后继，为辽大奋斗，为辽大而歌？是什么精神支撑辽大人不畏艰险，披荆斩棘，以昂扬向上之气书写辽大的辉煌？"那就是辽大精神的象征——明德精学，笃行致强。这是辽大的校训，是辽大文化的精髓所在。

让我们一起回顾一下辽大校训的诞生过程。1948年，在年轻的共和国引吭高歌的时代，沈阳解放，辽宁大学破土而出，色彩斑斓的辽大历史由此揭开序幕。此时，正值辽宁工业重镇人才稀缺，辽大师生奋进图强，力争为辽宁经济发展和社会进步培养合格人才。

"十年动乱"之时，辽宁大学事业受到重创。但辽大人始终充满信念，不弃书本，不舍希望，坚持真理，实事求是，在困境中学会了坚强，为学校崛起与新生积聚了元气与能量。

在党的十一届三中全会精神指引下，辽宁大学乘着改革开放的春风，汲取各方所长，大胆改革，风雨兼程，薪火相传，得以从苦难中崛起，形成了以应用学科为主、财经类学科优势突出、文史类学科基础雄厚、理工类学科发展迅速的良好局面。这一时期，"拼搏、奉献、求实、创新"的精神在辽大人身上得到充分展现，成为辽大精神的代名词。

1997年，经过近半个世纪的积淀，辽宁大学终于迎来了历史的转折点，"211工程"预审顺利通过，辽宁大学跻身全国百强高校之列，影响力不断扩大。为了这一刻的到来，无数辽大人付出了心血和智慧。

进入21世纪，辽宁大学以昂扬之姿迎接新的时代，辽大精神的内涵也得到不断延伸。为了进一步凝练辽大精神，使全体辽大人在精神上有所依托，全校掀起了征集辽大校训与校徽的活动。经过全校师生的热情参与和专家组的认真讨论，最终概括出"明德精学，笃行致强"的辽大校训。所谓"明德精学"，即主体内在的素质、操行和境界，意在弘扬光大崇高思想情操和道德修养，精晓学业，传承民族文化之优长，兼容世界优秀文化，树优良学风、校风。所谓"笃行致强"，即主体的行动、追求和目标，意在追求真知和理想，潜心探索，身体力行，跻身强校之列，实现强国之梦，使伟岸中华以文明进步之强势自立于世界民族之林。

与之相对应，辽大校徽以视觉效果的美观性诠释了辽大精神的实质。校徽设计者为国内知名设计师赵辉教授。校徽取红黄蓝三原色，鲜明亮丽。黄色光环，合民族肤色，又表业绩辉煌；红色热烈奔放，激人奋斗；蓝色深沉严肃，富于深邃的科学理性。校徽主体为"辽大"汉语拼音缩写"L、D"的变形。外环上半环为英语"中国辽宁大学"，下半环"1948"为建校时间。校徽中红蓝两色为汉字"辽"的变形。红色取梭形，呈上腾之势，有奋发之意，似传递科技新声的红色讯号腾空而起；蓝色为辽河奔腾入海，既有地域特点，又有探索寰宇奥秘的科学意识。校徽构型富有极强的腾跃动感，象征辽宁大学奔腾向上之精神。

辽大校徽

在校训精神的鼓舞下，辽大事业不断跃上新台阶，新校区建设进一步扩大学校办学空间，本科评估使学校人才培养质量得到充分肯定，学科建设更取得历史性突破，辽宁大学已经实现了较高水平较大国际影响教学研究型大学的奋斗目标，正在向新的目标迈进。

承载文化的建筑和景观

物质文化是大学文化的载体。在 60 余载的发展历程中，辽大人用智慧与汗水凝结成富有独特魅力和文化韵味的物质文化，使置身其中的师生们切身感受大学文化的存在，使他们的道德、情操和审美受到潜移默化的影响。

文科孕育的摇篮——哲理楼。哲理楼原名哲经楼，位于崇山校区，是辽宁大学历史最悠久的标志性建筑之一，是辽大文科孕育发展的摇篮。欧洲风格的俄式三层小楼，曾容纳辽宁大学文、史、哲 3 个学院。走进大门，首先映入眼帘的是马克思的塑像，威严而肃穆，它象征着学校以马克思主义伟大理论为指导，致力于培养具有远大理想、知识丰富、品行高尚的优秀人才的育人理念。2004 年，文科类学生搬迁蒲河校区后，数学院与信息学院入驻其中，哲经楼更名为哲理楼，意为辽大是一所文理相融、文理齐兴的综合性大学，也蕴涵着人生哲理的意思，表明辽大人对中国浩瀚的传统文化的继承和发扬。每当盛夏时节，窗外树叶沙沙，阳光斑驳地洒在桌面上，中文的才情、历史的博远、哲学的深邃、数学的钻研、信息的缜密……都定格在不懈追求的时光中。初秋来临，东侧山墙上的五叶藤杨，枝叶层层密布，浓绿泛彩，与远墙的藤蔓遥相辉映，透视出莘莘学子的辛勤刻苦，也展示着一代青年未来的走向。

历史最久的建筑——怀远楼。走进崇山校区东大门，在朱德题写的校名的指引下，怀远楼映入你的视线。作为辽宁大学历史最为悠久的建筑，怀远楼建成于 1952 年，建筑面积 6064 平方米。取名怀远，即想念之"怀"、历史悠久之"远"，有缅怀过去、承袭传统、开拓未来之意。1998 年前，怀远楼为校机关楼、马列主义教研室、德育教研室、军事教研室办公场所。1998 年后，先后为外国语学院、公共外语教研部、工商管理学院 MBA、制药工程系、日本研究所教学、办公场所。现为环境学院办公和轻型产业学院、药学院实验教学场所。怀远楼是学校历史的承载者，更是学校学科专业发展壮大的见证者。

国家级实验教学示范中心——励行楼。在思考中实训，在实训中思考。励行楼是学校文科综合实验中心所在地，2009 年被评为国家级实验教学示范中心。该中心实施综合型开放式实训教学，以促进学生知识、能力、素质协调发展作为教学改革指导思想，涵盖经济学、管理学、哲学、法学、文学、历史学、心理学、政治学等多学科，旨在构建体现学科（专业）特点、涵盖多学科（专业）的综合型、现代化、开放共享的文科综合实训平台。在学校探索实施的"以通识教育为基础，以专业教育为中轴，以文科综合实训教学和理工科基础实验教学为两翼"的人才培养新模式中，实验中心在其中发挥着十分重要的作用。目前，中心拥有 40 个实训室、1200 个实训工位、千台计算机，开设课程涵盖 12 个教学单位、8 个学科、31 个专业，为全校学生（包括理工科学生）提供综合实训教学资源。模拟法庭上，从法官、律师到罪犯，学生们在角色中感受着法律的公正严明；金融投资实训室里，波动的曲线让学生们真实领略资本市场的瞬息万变；同声传译室中，学生们亲身感悟专业基础、海量词汇、应变能力对做好翻译工作是多么重要。无论你是学习什么专业的，都能在实验中心中找到自己的角色，在身临其境的实验教学中感受学习的快乐。

大学知识与智慧的宝库——图书馆。图书资源是一所大学知识与智慧的象征。辽宁大学图书馆始建于 1948 年，现有馆舍总面积 41869 平方米，其中崇山校区图书馆建筑面积 18470 平方米，蒲河校区图书馆建筑面积 19000 平方米。馆内设有基藏书库、文献借阅室、中文期刊阅览室、外文期刊阅览室、古籍阅览室、教师研究室、读者研究室、大型计算机广场、学术报告厅等。馆藏文献 230 余万册，其中中文图书 120 万册，外文图书 22 万册，中文期刊 4500 余种，外文期刊 1500 余种，馆藏纸本文献涵盖文、史、哲、经、法、外、艺、理、工、管等多个学科。现有电子文献引进数据库 27 个，自建数据库 10 余个，中文全文电子期刊 10000 余种，西文电子期刊 5400 余种，可实现同"中国高等教育文献保障体系（CALIS）"的联机编目、资源共享。图书馆于 2002 年被联合国出版署指定为"全托存"性质的"联合国文件托存图书馆（United Nations Depository Libraries，又称联合国馆藏图书馆）"，也是中国东北地区首家联合国认定的资料收藏图书馆和国际关系、国际法、国际事务研究的文献情报中心。图书馆重视古文献的收藏与整理，被教育部确定为《中华再造善本》收藏单位，是国务院批准的"全国古籍重点保护单位"。现有古籍 7000 余种，16万册，其中善本书 131 种，2500 余册；孤本书 7 种，68 册，已形成以清代为重点，上承明代、下迄民国的古籍藏书特色，是辽沈地区清史及满族文化研究的文献资源基地之一。

两大校区，两种风格。崇山校区图书馆典雅古朴，以多变几何图形为建筑框架，象征着图书馆海纳百川的藏书容量。蒲河校区图书馆高贵庄重的欧式建筑、敦厚坚实的俄式砖瓦、高科技的电子储备，处处彰显着现代大学的独有魅力。两馆分立于崇山之巅、蒲河之畔，虽遥遥相望，却心意相通、交相辉映，带给深处其中的人们精神上的巨大享受。

文化的浓缩——历史博物馆。浩瀚的史书不能记下全部历史，有限的博物馆空间却浓缩了历史精华。辽宁大学历史博物馆代表着辽大人对历史文化的珍视与敬意。历史博物馆建成于 1998 年，位于崇山校区图书馆内，珍藏着建校以来所累积的从新石器时代到中华民国时期的陶、金、银、书画、瓷、景泰蓝、石、漆器等文物 2000 多件，现展出文物 500 多件，藏有大量国宝级稀有珍品、极品，其中包括辽大学生多年来亲身参加考古发掘的部分文物。历史博物馆是目前省内高校中唯一的历史博物馆，文物种类齐全、数量丰富、功能定位准确、陈列设计精良，具有较高的历史价值、科学价值和艺术价值，曾被命名为辽宁省青少年科普教育基地、沈阳市青少年科普教育基地，2005 年被辽宁省科技厅、辽宁省科协认定为辽宁省科学技术普及基地。

与历史博物馆相配套的还有自然博物馆，现珍藏 1.6 万多号生物标本，是辽宁大学教学和科研的重要基地、进行素质教育和学术交流的重要场所、提高知名度的重要窗口。

体育教学与训练平台——体育馆、游泳馆。体育馆和游泳馆位于蒲河校区最西部,是辽宁大学体育教学与训练的重要场所,是培养德智体美全面发展优秀人才的重要平台。目前,体育馆建设任务已经基本完成,以其多功能的设计和先进的技术体系被十二运组委会选定为第十二届全国运动会武术套路比赛用馆。届时,来自全国各地的体育健儿们将齐聚辽大,在辽大的赛场上挥洒汗水,展现体育竞技的魅力。游泳馆建设工程也在进行之中,预计 2013 年春竣工投入使用。虽然"两馆"还没有正式使用,但雄伟壮观的建筑外形已经清晰可见。在不久的将来,学生们将在这里开展体育竞技活动,锻炼身心。这里将为学生提供最高质量的教学与最先进的训练环境。不仅如此,体育馆和游泳馆还将成为辽宁大学对外展示学校发展实力的重要标志性建筑,成为面向社会、服务市民的多功能载体。

生态校园的完美呈现——蕙星广场、星月广场。崇山校区最具标志性的文化景观非蕙星广场莫属。"蕙"即佩兰,多年生草本植物,比喻女子内心纯美。广场中央莲花形状的蕙星泉,碧波荡漾,在阳光的照耀下熠熠生辉。每当夜晚来临,灯光与月色竞相辉映,泉水喷涌而出,别有一番景象。蕙星广场,正如它的名字,更有"莲花"之意,内心纯美,出淤泥而不染,象征着辽大师生超凡脱俗的生活追求。蕙星广场不仅是学校的一处美景,更是展示辽大精神的重要场所。香港回归时,万名学子欢呼雀跃,为祖国祝福,爱国情怀激情涌动;汶川地震时,蕙星广场铺就百米长卷,辽大学子签字祈祷,寄托深深的哀思;玉树赈灾时,辽大师生身体力行,齐聚广场捐款捐物;60 年校庆时,五湖四海的校友宾朋欢聚一堂,幸福的笑靥在彩带和彩球的映衬下更加动人。蕙星广场见证了 30 年来辽大每一个重要的历史时刻。

蒲河校区规划设计精到,结构科学,布局合理,功能齐全,是一个环境优雅、功能齐全、配套设施完善的人性化、生态化、网络化、集约化的校园。其中,占据校园中心位置的就是星月广场。它平坦开阔,彰显辽宁大学胸怀宽广、海纳百川的气魄。以"星月"为名,宛若广袤的苍穹，象征辽大师生博大宽广的胸襟和学无止境、奋斗不息的人文精神，如星月般熠熠生辉。辽大人用智慧在广场上铺就了一片结缕草地。这种结缕草繁殖力强、光合效率高、耐践踏、抗干旱、弹性好，是辽大人历经 10 载研究所得，现已在国内大范围种植，而且因其良好的特性出口国外。

教师座右铭——"桃李无言"石。崇山校区西门东侧有一处胜景，那里犹如校园内的世外桃源，为辽大师生在紧张繁忙的工作与学习之余提供了一个心灵栖息地。典雅别致的树蕙亭连着一段长廊，常青藤蜿蜒盘旋而上，给人遮风挡雨；亭下潺潺的流水和碧绿的池塘，为炎热的夏季增添了一丝凉意。3 米多高的景观石屹立路旁，石上刻字"桃李无言"给人留下深刻的印象。"桃李无言"取自《史记·李将军列传》"桃李不言，下自成蹊"，原指桃李树不说话，但由于花朵和果实吸引人，人们争相前来采花、摘果，以至于树下踩成了一条路，比喻为人真实坦诚，必然会有极大的感召力。这是辽大学子对母校的深深敬意和对老师高尚品格的肯定。辽大的教师们时刻用这句话提醒自己，严谨治学，以德修身，以自己高尚的人格魅力与道德情操感染每一名学生，真正成为学生人生道路上的引路人。

人与自然和谐共生——映雪湖。在生态化的蒲河校园里，天水合一的景象随处可见。教学区西南侧有一条精心打造的"映雪湖"，虽非自然天成，但景致优美，与自然景观融为一体，为宁静的校园增添了脉脉温情。取名"映雪湖"，典出晋代孙康"映雪夜读"的典故，旨在勉励学生刻苦读书。冬季漫天飞雪时，这里是学生们的滑冰胜地。春季万物复苏时，这里是学生悠闲垂钓的好去处，更是野鸭嬉戏玩耍的乐园，好一派人与自然和谐共生的美景。

高山仰止——宋则行塑像。蒲河校区则行楼前、则行路南侧屹立着一位和蔼老者的塑像，他就是全国著名经济学家、经济学界泰斗级人物、辽宁大学经济、管理学科的奠基者、创始人——宋则行教授。为了深切缅怀宋则行先生，使其精神代代相传，辽宁大学在 60 华诞之际，精心塑造了宋则行雕像，让宋先生坚持不懈的理论追求、精益求精的科学态度、诲人不倦的敬业精神以及严于律己的高风亮节继续教育和影响一代又一代辽大人不断跃上新高峰，不断超越新梦想。2011年，两位清华校友在辽大设立"则行励学基金"，出资200万元用于奖励品学兼优的在校贫困大学生发奋学习，培养德才兼备的优秀人才，让宋则行先生的精神和品格得以传承。每当毕业之际，很多学子都会到宋则行塑像前，送上鲜花，与之话别，希望自己在未来的人生道路上能够将宋先生之精神发扬光大。

"活化石"集散地——银杏路。翻开辽大师生的相册，你会发现，几乎每个人都在银杏树下留下了身影。每当初秋时节，200米长的银杏路上，嫩黄的银杏树矗立两旁，微风轻轻拂过脸颊，伴随着黄叶散落一地，很多师生驻足停留，观赏美景，摄影纪念。这就是崇山校区银杏路的魅力所在。银杏树又名白果树，生长较慢，寿命极长，是树中的老寿星，具有欣赏价值和经济、药用价值，是第四纪冰川运动后遗留下来的最古老的裸子植物，是世界上十分珍贵的树种之一，因此被看做是植物界的"活化石"。选择这种植物来栽种，一方面是考虑到银杏的可观赏性，更重要的是银杏本身蕴涵的精神与辽大精神相通。辽宁大学希望自身成长为高校中的"银杏"，具有旺盛而持久的生命力，成为中国高等教育之林中的珍贵"化石"。

师者聚焦

■文/纪　麟

　　韩愈在《师说》中云："古之学者必有师。师者，所以传道授业解惑也。"教师是人类灵魂的工程师，不仅起着传授知识、传承文明的作用，而且还是学识渊博、经验丰富、道德高尚、积极向上、理智、稳重的典范。

　　梅贻琦先生说："所谓大学者，非有大楼之谓也，而有大师之谓也。"教师在高校中具有举足轻重的作用，是一所学校的名片，是文化传承创新的主要载体，是培养人才的巨大宝藏。

　　辽宁大学作为国家"211工程"重点建设院校，拥有一大批德才兼备的优秀教师。他们在大学的讲坛上不辍耕耘了十几年、几十年甚至一辈子。他们桃李遍天下，才学满五车。如果将辽宁大学视为一面旗帜，我们的教师就是一支集结在其麾下的队伍，一支能打硬仗，善打胜仗的无畏之师。在争进"211"工程过程中,在本科教学评估过程中,在学位点申报过程中,在决定辽宁大学命运的一次次生死之战中,他们所向披靡,他们战无不胜!他们是辽宁大学发展的脊梁,是德才兼备的学术精英,是学生在这个新家的导师。这里仅以学术带头人和各个学院院长为代表,聚焦辽大的师者,领略师长的风采,感受榜样的力量。(排名不分先后)

学术带头人风采

马凤才。男,生于 1956 年 3 月,1991 年毕业于兰州大学物理系并取得博士学位,教授,博士生导师,校学术带头人。现任辽宁大学副校长,教育部本科教学工作水平评估专家、高校实验教学示范中心评审专家、辽宁省实验教学示范中心评审专家、辽宁省示范专业评审专家,兼任中国高等教育学会理科专业委员会常务理事,辽宁省物理学会副理事长,辽宁省高等教育学会第五届理事会理事,曾任全国高等学校实验室工作研究会常务理事。曾获辽宁省优秀教师称号、辽宁省优秀教学成果一等奖获得者,曾获辽宁省优秀共产党、沈阳市优秀教师称号,3 次获沈阳市优秀共产党员称号,3 次获辽宁大学优秀共产党员称号,2 次被评为辽宁大学三育人先进个人。

多年从事理论物理的教学和粒子物理、原子与分子物理的研究工作。研究工作涉及轻子—核子深度非弹性散射与 EMC 效应,有限温度、密度对散射过程的影响,中微子质量与中微子振荡,粒子物理实验数据分析,原子与分子碰撞转动传能的干涉效应等领域。主要从事中微子物理理论研究,系统研究了中微子质量、中微子混合与振荡、中微子在介质中传播时的物质效应等问题。首次提出中微子振荡过程 CPT 对称性破坏的假设,并构造了第一个描写 CPT 不守恒的模型。参加中国科学院高能物理研究所主持的国际合作项目 BES 合作组的数据离线分析工作。在原子与分子物理领域,构建了原子—双原子分子体系转动传能中量子干涉的理论模型,发展了从理论上计算微分干涉角和积分干涉角的方法。建立了描述实验条件的各种参数和干涉角之间的关系，较好地解释了碰撞传能实验。承担国家自然科学基金理论物理重要课题、国家自然科学基金面上项目、辽宁省自然科学基金和辽宁省教育厅（教育委员会）科研基金资助的科研项目6项，在《Physical. Review.》等学术刊物上发表论文40余篇。主讲"高等量子力学"、"规范场论"、"粒子物理学"、"热力学与统计物理"等十余门课程，教学效果好，深受学生欢迎。

马树才。男，1945年8月出生，教授，国民经济学、统计学、数量经济学博士生导师，校学术带头人。现任辽宁大学经济统计与计量分析研究中心主任、经济学院统计学系主任，国务院特殊津贴获得者，统计学一级学科博士点学术带头人，兼任中国统计学会、中国数量经济学会、中国统计教育学会常务理事，中国优选法、统筹法与经济数学研究会高等教育管理分会副会长，辽宁省统计学会、数量经济学会、沈阳市统计学会副会长等职。

主要研究领域和方向为现代统计与计量经济分析模型和方法及其在宏观经济和其他领域中的应用。在宏观经济统计分析及应用、宏观经济模型方法及其应用、现代组合投资决策理论、宏观经济政策效应分析以及可靠性、地震预报、生态环境、行政管理、人口预测统计等研究方面成果丰硕。在经济科学、中国统计、吉林人民、辽宁科技、辽宁大学、首都经贸大学等出版社出版专著和教材24部；国际学术会议、国内外省级以上刊物发表学术论文100余篇，其中CSSCI30余篇；主持与合作完成国家人文社科基金、教育部规划、国家统计局和省科技厅、教育厅、统计局、交通厅与市科技局、统计局等项目研究60余项；50余项科研成果、著作和论文分获国家统计局统计科学科技进步二、三等奖，辽宁省人民政府科技进步一、二等奖，辽宁省哲学社会科学优秀科研成果二、三等奖（政府奖），沈阳市人民政府科技进步奖一、三等奖，辽宁省统计局统计优秀科研成果一、二、三等奖。从教以来，为博士研究生、硕士研究生和本科生讲授20余门课程。1993年曾荣获辽宁省教学优秀成果二等奖。

王君。男，1960年1月出生，日本广岛大学博士，教授，博士生导师，校学术带头人。日本关西大学和日本富山大学高级访问学者，辽宁省骨干教师，辽宁省"百千万人才工程"百人系列。《无机化学学报》特聘审稿专家，国际《METAL－BASED DRUGS》刊物特聘编委，《当代化工》编委，《中华医学研究杂志》常务编委。2010 年 10 月被国际著名杂志《Ultrasonics Sonochemistry》（IF＝3.567）评为 valued reviewer。沈阳药科大学兼职教授，河北省理工大学外聘评审专家。

回国工作以来承担国家级项目 2 项，省部级项目 9 项，市级项目 2 项，校级项目 3 项，横向课题 12 项。参加工作以来累计发表各类学术论文 309 篇（不含会议论文。其中，第一作者和通讯联系人 268 篇；SCI 收录 236 篇，一区和二区论文 32 篇；EI 收录 86 篇；校定 15 种期刊 20 篇，校定 19 种期刊 5 篇；连续多年辽宁大学发表 SCI 收录论文数名列第一）。获辽宁省科协成果奖 17 次（其中一等奖 4 次，二等奖 13 次），沈阳市科技进步奖一次（三等奖），辽宁大学振兴奖一次（一等奖），国家发明专利 9 项。代表性刊物为 J. Hazardous Materials, Chemical Engineering Journal, Catalysis Communication, J. Ultrasonic Chemistry, J. Ultrasound in Chemistry and Biology 和 Water Research 等（影响因子均为 3.0 以上）。主要研究领域为新型稀土配合物的合成及结构研究、稀土发光材料在环境治理的研究、物理场中药物活性的研究及相关治疗仪的开发与研制、无机靶向药物的研究及肿瘤诊断和治疗方面的应用。主要教授"化学合成"、"纳米材料"等课程。

王厚双。男，1962 年 5 月出生，经济学博士，教授，国际贸易专业博士生导师，校学术带头人。现为辽宁大学经济学院国际经济与贸易系主任，辽宁省委省政府决策咨询委员会委员，沈阳市委市政府决策咨询委员会委员，国家商务部知识产权海外援助专家团专家；首批入选辽宁省新世纪社科人才工程、辽宁省优秀中青年骨干教师、辽宁省"百千万工程"百人层次、辽宁省高等院校人才支持工程；被聘为辽宁省社会科学院特邀研究员，辽宁省 WTO 研究咨询研究中心特邀研究员，东北新闻网《金虎时评》专栏特邀专家，全国日本经济学会等国家级、省级学会的常务理事、理事；美国印第安纳州立大学高级访问学者（2004～2005 年）。

主要致力于国际贸易理论与政策、跨国经营，特别注重区域经济一体化、国际贸易摩擦、商务谈判等领域的研究。从教以来，在国家级、省部级学术刊物上发表学术论文百余篇，出版专著 8 部，参编专著、教材 10 余部。主持国家社科基金等国家级、省部级、国际科研项目（美国国务院教育文化事务部资助项目并获杰出贡献奖）30 余项。有多部专著、科研论文和科研项目荣获国家级、省部级奖励。鉴于在教学科研岗位上的突出表现，他多次被评为优秀共产党员、爱岗敬业标兵、科研标兵、优秀教师等。

白钦先。男，1940 年 7 月出生，山西省清徐县人，教授、博士生导师，校学术带头人。现任辽宁大学国际金融研究所所长，辽宁大学金融学国家重点学科首席学术带头人；辽宁大学应用经济学一级学科首席学术带头人；中国金融学会常务理事，学术委员会委员；中国国际金融学会常务理事；曾任辽宁大学国际经济学院副院长；国务院学位委员会第四届、第五届应用经济学学科评议组成员，太平洋盆地国家财政金融会议国际学术委员会中方委员，亚太金融学会中国理事，中山大学岭南（大学）学院特聘教授等；中国社会科学院研究生院、浙江大学和山东大学等十余所高校客座教授与兼职教授；享受国务院特殊津贴专家；荣获首届"中国金融研究杰出贡献奖"。

从事科学研究 30 年，主持国家级科研项目 7 项，省级项目 6 项；著有《比较银行学》、《各国政策性金融机构比较》、《金融可持续发展研究导论》等近 30 部教材和专著；在中共中央《求是》杂志及《经济研究》、《金融研究》、《国际金融研究》、《世界经济》、《财贸经济》等学术刊物上发表学术文章近 300 篇；多次获奖，其中《比较银行学》由于开创性研究而获 1992 年全国优秀教材国家一等奖。白钦先教授始终坚持"以为教学、人才培养、学科建设发展和改革开放实践服务为最高宗旨"，培养 6 名博士后，近 80 名博士研究生，60 余名硕士研究生；作学术报告近 300 场；向中央有关领导机构、省市委提出有关经济与社会发展战略或对策咨询建议、特别报告近 40 项，有多项咨询建议为中央决议采纳，获省、市领导批示。由于在"金融体制比较说"、"政策性金融说"、"金融资源学说与金融可持续发展战略"及"金融结构、金融功能演进与金融发展说"四大领域的原创性、开拓性贡献，荣获首届非政府的、全国性、专业性、权威性最高学术成就奖——"中国金融研究杰出贡献奖"。评审委员会对其赞誉有加，颁奖词称其是以"金融体制"为研究对象的比较金融学学科体系的奠定者；中国特色政策性金融理论的首创者和中国政策性金融实践的首倡者；以金融资源学说为基础的金融可持续发展理论与战略的开创者；发展金融学理论与学科体系建设的积极倡导者与推动者；科学研究、学科建设、人才培养与服务改革开放四位一体的卓越实践者；经济学金融学哲学人文关怀关爱和国家性民族性的坚定秉持者。

李拖平。男，1967 年 2 月出生，博士，教授，校学术带头人。现在辽宁大学轻型产业学院任教，任辽宁大学中央与地方共建"食品生物加工与质量控制技术"重点实验室主任，辽宁省"食品生物加工工程中心"主任，沈阳市"食品生物加工与质量控制技术"重点实验室主任，辽宁大学学术委员会委员，美国化学会会员，日本农艺化学会会员，中国食品科技学会高级会员，中国农学会农产品储藏加工分会理事会员。

主要从事食品化学与分子营养学、食品生物加工与食品生物转化利用等方面的研究工作。曾留学日本获博士学位，并先后在日本大型食品企业及国立研究机构从事食品科学与生物工程方面的研究工作。先后主持或参加国家、省部及横向开发项目多项，以这些成果为基础在国内外相关刊物发表论文数十篇，获得国际及国内专利 10 项，并承担着《Food Chem, Food Chem Toxic, J Sci Food Agric》等十数种国际食品与生物科学相关期刊的稿件审理工作，研究工作中所开发的部分产品已实现产业化，市场反馈良好。

李淑云。女，1965 年 4 月出生，博士，教授，博士生导师，校学术带头人。1988年本科毕业于北京大学，2003年博士毕业于北京大学国际关系学院国际政治专业，获法学博士学位。现任辽宁大学党委组织部部长，国际关系学院学术委员会主任，全国高校国际政治研究会常务理事、学术委员会委员，中国国际关系学会理事，国家社科基金通讯评委。连续获得第十届、第十一届辽宁省哲学社会科学成果奖一等奖（政府奖），辽宁省教学名师奖，入选"辽宁省百千万人才工程"百人层次，辽宁省高等学校优秀人才支持计划和辽宁省首批特聘教授。

主要研究领域：大国战略关系、俄罗斯中亚问题和东北亚问题研究。主要讲授课程："国际政治学导论"、"国际关系理论"和"东北亚地区研究"。主要科研成果：在《世界经济与政治》、《俄罗斯中亚东欧研究》、《国际政治问题》等国家级和省级以上刊物上发表《环境变化与可持续安全的构建》、《中亚五国政治民主初探》等学术论文40余篇；承担"中亚五国政治民主化问题研究"、"转型国家政治民主化理论与实践比较研究——基于中东欧独联体国家转型视角"等国家社科基金、教育部人文社科重点研究基地重大项目、省社科基金、省教育厅基金、省政府以及韩国高等教育财团等多项科研课题的研究工作。

杨松。女，1968年2月出生，博士，教授，博士生导师，校学术带头人。现任辽宁大学法学院党委书记，法学一级学科博士点和经济法博士点带头人，辽宁省"特色学科建设工程提升学科"和"省重点学科"经济法学博士点带头人，省人文社会科学重点研究基地辽宁大学经济法制研究中心主任。国务院政府特殊津贴获得者，"全国十大杰出青年法学家"、教育部"高等学校优秀青年教师奖"获得者，辽宁省首批特聘教授，美国长滩加州州立大学高级访问教授。国家级精品课"国际经济法"负责人、国家级特色专业建设点负责人、国家级实验教学示范中心主任。教育部法学教学指导委员会委员、中国国际经济贸易仲裁委员会仲裁员，兼任中国法学会国际经济法研究会副会长、辽宁省法学会副会长、国际法学研究会副会长、辽宁省国际经济法研究会副理事长。入选辽宁省"百千万人才工程"百人层次。第十四届沈阳市人大常委会常委，辽宁省政协第十四届社会法制组委员。

主要从事法学教学与研究工作，其研究集中在国际经济法、国际法、经济法等领域。研究成果被《中国特色社会主义文库》、《中国"九五"科学研究成果选》、《中国新时期社会科学成果荟萃》等十几个文丛收录。作为主持人主持完成国家社科基金、司法部重点项目、教育部项目及其他省部级科研项目11项。在《当代刑事司法杂志》、《法学研究》、《中国法学》、《法学评论》、《法律科学》、《现代法学》等国家级和省级学术刊物上发表论文40余篇，被转载10余篇。在法律出版社、北京大学出版社、武汉大学出版社出版《国际货币基金协定研究》、《国际法与国际货币新秩序研究》等学术专著和教材10余部。曾荣获司法部优秀教材与优秀科研成果二等奖、首届"中国青年法律学术奖"，辽宁省人文社科优秀成果奖首届政府奖一等奖，辽宁"五四青年奖章"，辽宁省第七届优秀学术成果专著一等奖、辽宁省教育厅人文社科优秀学术成果一等奖、辽宁省"巾帼建功标兵"等。为博士研究生、硕士研究生、本科生等讲授"国际经济法"、"金融法"、"国际私法"、"国际公法"、"国际民事诉讼与商事仲裁"、"国际贸易法"、"国际金融法"、"国际税法"等课程。

宋有涛。男，1973年出生，理学博士，教授，校学术带头人。现任辽宁大学环境学院院长，兼任辽宁省动物资源与疫病防治重点实验室主任、辽宁大学生态环境研究所所长、辽宁省细胞生物学会副理事长、辽宁省生物化学与分子生物学会常务理事、中国微生物学会分析微生物委员会委员、国际《ISRN Structural Biology》编委、《微生物学杂志》编委、《辽宁大学学报》（自然科学版）编委等。曾担任辽宁大学科研处处长、校学术委员会秘书长、校科协常务副主席等职务。入选辽宁省"百千万人才工程"百人层次，先后被评为教育部科技司优秀科研管理人才、辽宁省高校优秀人才、辽宁省教育厅优秀青年骨干教师、沈阳市优秀青年知识分子、沈阳市百佳科技创新能手、辽宁大学"十佳"科研人才、辽宁大学优秀青年教师、辽宁大学中青年骨干教师。

主要研究领域为分子生物学、分子动力学和景观生态学。近年来，先后主持国家自然科学基金、日本科学协会科研基金及省部级科研课题 20 余项；出版《分子伴侣与蛋白质错误折叠》、《辽北山区生态民俗与可持续发展研究》等学术专著 2 部，在国内外专业期刊上发表学术论文 40 余篇，其中 20 余篇被 SCI 收录（SCI 二区 6 篇），最高影响因子为 9.6，被引用达 200 余次；申请及获得国家发明专利 7 项；获得省市级科研及荣誉奖励 5 项，其中"细胞内分子伴侣对于淀粉样蛋白沉积疾病的调控机制"的研究获得辽宁省政府自然科学奖三等奖。指导生物学及环境科学与工程硕士研究生 44 人，毕业 29 人。指导的本科生科研论文《分子动力学方法对 cystatin 的研究》获得全国大学生"挑战杯"竞赛一等奖。

宋溪明。男，1957 年 9 月出生，日本九州大学博士，日本花王基础科学研究所博士后，教授，博士生导师，校学术带头人。现任辽宁大学稀散元素化学研究所执行所长，"绿色合成与先进材料制备化学"辽宁省重点实验室主任，化学院学术委员会主任，化学一级学科博士点第一学科带头人，主要社会兼职有中国化学会无机化学学科委员会委员、中国化学会理事、辽宁省化学会副理事长兼秘书长、《化学通报》编委、辽宁省政协委员等。国务院政府特殊津贴获得者，辽宁省高等学校创新团队带头人。日本奈良先端科学技术大学院大学物质创成研究科访问教授。曾任辽宁大学化学院院长。

主要研究方向为离子液体与微纳结构制备化学。以绿色化学过程、微纳结构可控制备和新型纳米材料创制为研究内容，围绕离子液体及其功能化材料、新型电极材料、配合物光催化系统与光伏电池等相互关联的主题开展工作。近 5 年中，主持完成和在研国家科技支撑计划子项目与国家自然科学基金等资助的基金项目 6 项，在《Chem. — Eur. J.》等国际化学核心刊物上发表论文多篇，受到国内外同行的关注，出版《绿色溶剂——离子液体的相平衡和微观结构》（科学出版社 2009 年版）专著一部，曾获辽宁省政府科技进步三等奖等学术奖励。在应用研究方面，近 5 年获国家发明专利 7 项，其中第一发明人专利 2 项，与辽宁恒星精细化工有限公司合作完成了"乳液型防水透湿涂层胶开发及产业化"等项目的研发工作，"纺织品高性能环保增稠树脂"和"纳米复合型涂料印花黏合技术" 2 项研究成果获辽宁省科技成果转化奖。主要为本科生和研究生讲授"绿色化学导论"、"微纳结构制备化学"、"胶体与界面化学"、"室温离子液体化学"等课程。

张蕾。女，1963 年 2 月出生，博士，教授，分析化学博士生导师，校学术带头人。现在辽宁大学化学院任教。多年来始终坚持科研与教学相结合，2004 年在辽宁省新世纪"百千万人才工程"评选中被选为辽宁省"百人培养计划"人才。2003 年被辽宁大学确定为中青年骨干教师，2004 年被评为优秀本科生教师。

主要研究领域为功能材料在分析化学及稀散元素分析分离中的应用、环境污染物的分析及监控等，主要研究方向为痕量元素分析测试、腐蚀电化学、纳米材料应用、防腐涂料等。曾被辽宁省教育厅确定为"功能聚集体材料的合成及其应用"创新团队的带头人（2007～2010 年）。荣获"辽宁大学振兴奖一等奖"。曾主持省部级以上科研项目 9 项，目前承担的国家自然科学基金课题是"微波诱导吸波材料 $Me、Fe_2O_4$ 催化降解染料废水技术与机制研究"。近年在国内外期刊上共发表学术论文 50 余篇，包括 SCI 论文 29 篇（其中一篇文章被在 SCI 1 区检索），EI 论文 17 篇，授权发明专利 8 项，11 篇学术论文获辽宁省自然科学优秀学术论文奖。主讲"普通化学"、"物理化学"、"仪器分析"、"电化学分析"、"普通化学实验"、"分析化学实验"等课程。

张桂文。女，1957 年 1 月出生，经济学博士，教授，博士生导师，校学术带头人。现在辽宁大学经济学院任教，兼任中国资本论研究会理事、中国价格协会专家咨询委员会委员、辽宁省生产力研究会副会长、辽宁省价格协会常务理事、沈阳市价格协会副会长、辽宁省农业经济学会副理事长，2004 年被聘为重庆邮电学院兼职教授。

主要研究方向为政治经济学、劳动经济学。从事教学与科研工作以来，为本科生、研究生讲授"政治经济学"、"社会主义市场经济理论"、"比较经济理论"、"法经济学"、"价格规制"、"劳动经济学"、"人力资本理论"、"劳动关系与劳动法"等十几门课程，受到学生的欢迎和同行专家的好评，2008 年被评为辽宁省教学名师。在《人民日报》、《管理世界》、《经济学动态》等国家级和省部级学术刊物上发表论文 60 余篇；出版学术专著 5 部，主编、参编学术著作、教材 6 部；作为项目主持人完成国家社科基金、教育部、中德国际合作等国家级与省部级科研项目 10 余项；作为主要参加者完成教育部哲学社会科学研究重大课题攻关、中日韩国际合作、国家发改委等国家级与省部级项目 6 项；有 8 项科研成果独立或作为第一作者获得省部级一、二等奖。在二元经济转型研究领域具有较大学术影响。主持完成国家社科基金项目"中国二元经济结构转换的政治经济学分析"、辽宁省高校重点研究基地项目"二元经济结构转换与东北老工业基地振兴"等国家级与省部级项目 6 项。目前作为首席专家主持国家社科基金重大项目"制度变迁视角下中国二元经济转型研究"；作为项目负责人主持教育部重点研究基地重大项目"转型国家经济增长与收入分配比较研究"；作为子课题负责人承担国家社科基金重大项目"中国新型农村养老保险制度研究"。在这一研究领域共获得省部级一、二等奖励 5 项，其中两项为省政府奖，即"二元经济结构转换的收入分配效应"、"中国'三农'问题的战略思考与对策研究"分别获辽宁省政府第十一届、第九届哲学社会科学优秀学术成果一、二等奖。

陆杰荣。男，1957 年 10 月出生，哲学博士，经济学博士后，教授，博士生导师，校学术带头人。现任辽宁大学副校长，国务院特殊津贴获得者，兼任吉林大学博士生导师、北京大学伦理文化研究中心教授、辽宁省哲学学会会长、辽宁省哲学社会科学规划项目哲学组组长、辽宁省哲学社会科学成果评审委员会委员等职。曾获沈阳市"尊师重教"先进个人等称号。主要研究方向为哲学理论与近现代西方哲学理论方法的比较研究，特别是在元哲学理论的探究和现代西方哲学内在理论逻辑研讨方面有自己的学术特色。先后主持国家社会科学基金项目、教育部人文社会科学规划项目 8 项。在《哲学研究》、《哲学动态》、《马克思主义研究》、《外国哲学》、《自然辩证法研究》等专业刊物上发表学术论文 90 余篇，提出了一系列有影响的学术观点，论文多次被《新华文摘》、《中国社会科学文摘》等转载；出版《哲学境界》、《境界与形而上学》、《哲学的性质与机制》等专业学术著作 6 部，撰写并出版了《现代西方哲学引论》等教材 3 部，为我省哲学学科特别是马克思主义哲学学科建设奠定了夯实的基础。获省部级以上人文社会科学成果一等奖 3 项，其中《哲学境界》获吉林长白山图书一等奖及辽宁省人文社科成果一等奖，论文《论马克思哲学的事件思考方式》获省政府首届人文社科成果一等奖。自任教以来，长期从事哲学基本理论和外国哲学的教学与研究工作，主讲"马克思主义哲学"、"外国哲学史"、"现代外国哲学"、"哲学比较方法论"、"现代西方宗教哲学"、"西方思想发展的逻辑"、"哲学专业英语"、"文化哲学"、"元哲学"等专业基础课程，并开设了"心理分析理论"、"哲学导论"、"美学理论与方法"等素质教育课程。

林木西。男，1954 年 12 月出生，经济学博士，教授，博士生导师，长江学者特聘教授，校学术带头人。现任辽宁大学经济学院党委书记。为国务院学位委员会第六届学科评议组应用经济学组成员，全国高校首届国家级教学名师，全国先进工作者，国务院特殊津贴获得者。曾获辽宁省优秀共产党员、辽宁省劳动模范、辽宁省优秀专家、辽宁省青年先进（科技）工作者、辽宁五一奖章、辽宁省首届高等学校教学名师、辽宁省高等学校学科拔尖人才、辽宁省普通高校中青年学科带头人、辽宁省高等学校攀登学者、辽宁省普通高等学校专业带头人等荣誉称号。2010 年被评为全省首批二级教授。曾作为全国高校教师的唯一代表，在中南海参加温家宝总理主持召开的基层群众代表座谈会，向温总理进行了 10 分钟的汇报发言，受到温家宝总理、李克强副总理和刘延东国务委员等党和国家领导人的亲切接见，其发言得到温总理的肯定和表扬，所提建议"提高高等教育质量"被纳入总理的《政府工作报告》。2010 年教师节前夕，教育部副部长、党组成员李卫红专程到校看望林木西教授，对其长期坚持从事本科教学给予充分肯定。

作为 2002 年、2007 年连续两届国家重点学科的第一学科带头人，在国民经济学、政治经济学、区域经济学和新中国经济史等领域潜心研究，著述尤丰。近年来主持国家级课题 4 项（其中重大课题 1 项），部级课题 4 项，省级课题 12 项（其中重大课题 3 项，重点课题 5 项）；公开出版学术专著、教材 10 余部；在 CSSCI 来源期刊上发表论文 30 篇；多次获得高等学校科学研究优秀成果奖（人文社会科学）、辽宁省哲学社会科学成果奖（省政府奖）等部省级奖励。作为国家级教学名师，长期坚持在本科教学第一线，为本科生讲授经济学核心课。担任国家级教学基地"辽宁大学国家经济学基础人才培养基地"教育中心主任，第一批国家精品课程"政治经济学"主讲教师，高等学校特色专业建设点"经济学专业"和"国民经济管理专业"、国家级教学团队"政治经济学课程教学团队"、国家人才培养模式综合改革实验区"辽宁大学国家经济学基础人才培养模式创新实验区"负责人，国家精品教材和"十一五"国家级规划教材《国民经济学》第一主编。主持的"'基地班'政治经济学教学改革"曾获国家级教学成果二等奖，连同其他教学和教改成果，在全国高校率先实现"高等学校本科教学质量与教学改革工程"主要建设项目的"大满贯"。

房广顺。男，1960 年 10 月出生，博士，教授，博士生导师，校学术带头人，全国优秀教师。现任辽宁大学马克思主义学院院长、教育部暨辽宁省高校辅导员培训和研修基地副主任、辽宁大学中国特色社会主义研究中心副主任。主要研究方向：马克思主义国际关系理论；马克思主义理论教育；大国关系与中国外交战略。曾入选辽宁省首届青年社科理论人才培养工程，获"辽宁省普通高等学校学生思想政治工作先进工作者"、"2006 年度沈阳市宣传思想文化系统'四个一批'哲学社会科学优秀人才"、辽宁省"先进宣讲个人"等称号。2009 年被授予全国优秀教师、全国高校优秀思想政治理论课教师称号。主要社会兼职有中国国际共运史学会理事、中国人权研究会理事、中国社会科学院世界社会主义研究中心常务理事、辽宁省科学社会主义学会副会长、辽宁省思想政治理论教育研究会副会长、辽宁省理论宣传研究会副会长、辽宁省社会科学规划基金项目评审专家、辽宁省哲学社会科学成果奖评审专家、辽宁省教育厅社会科学委员会马克思主义理论学部委员等。

长期从事马克思主义理论教育，主攻马克思主义国际关系理论以及大国关系和中国外交，在不发达国家社会主义建设、当代世界人权问题、当代中国国际战略思想等领域取得了较为丰硕的研究成果。主持并完成了国家社科基金、教育部社科基金、辽宁省社科基金项目 12 项。已出版著作、教材 25 部，其中《马克思主义和谐世界建设论》是我国第一部系统梳理和阐述马克思、恩格斯和谐世界思想的学术著作。在《马克思主义研究》、《马克思主义与现实》、《当代世界与社会主义》、《世界经济与政治》、《国际问题研究》、《美国研究》、《东欧中亚研究》、《国外理论动态》、《思想理论教育导刊》、《光明日报》等学术期刊上发表论文 230 多篇，《新华文摘》、《中国社会科学文摘》、人大复印报刊资料等转载论文 30 多篇，多项成果荣获省部级政府奖。从教 29 年来，为本科生、硕士生、博士生讲授了"马克思主义基本原理"、"马克思主义发展史"、"马克思主义理论教育概论"、"马克思主义与当代思潮"、"邓小平理论基本问题"、"毛泽东思想和中国特色社会主义理论体系概论"、"科学社会主义理论与实践"、"当代世界政治经济与国际关系"、"当代西方政治思潮"、"西方政治思想史"、"大国战略关系"等课程。

夏立新。男，1964 年 6 月出生，理学博士，教授，博士生导师，校学术带头人。现任辽宁大学科技处处长，化学科学与工程学院教学委员会委员。本科毕业于辽宁大学，研究生毕业于中国科学院大连化学物理研究所，获硕士和博士学位，是中国科学院理化技术研究所博士后，韩国首尔国立大学访问教授。2007 年获沈阳市领军人才称号；2007 年获第二届沈阳市百佳科技创新能手称号，2010 年获第九届沈阳市优秀科技工作者称号，2010年获第九届辽宁大学"十佳"教师和优秀本科教师称号。

主要研究领域为石油化学、相转移催化。首创了交替吸附和碳化制备带有超薄碳壳的贵金属核壳纳米粒子方法，通过该方法所制备的核壳纳米材料具有壳层均匀、稳定、生物相容性、无孔、成本低特别是制作方便、适合大规模生产等优点。近期主要从事以无机/有机微纳结构的控制合成为基础的光谱分析研究工作。近几年，作为第一作者或通讯作者在《Chem. Commum., J. Chem. Phys., J. Phys. Chem. C, J. Raman Spectrosc.》等期刊上发表科研论文40余篇。其中，SCI论文26篇（2区论文7篇，TOP期刊2篇），EI1篇。授权发明专利8项（均为第一发明人）。获省教育厅优秀科研成果1项（LTJ2011010），获省教育厅科研成果2项（2009089，2008L102）。2010年获省自然科学学术成果一等奖（2010－LNL0162），排名第一。2007年、2008年、2009年、2011年均获省自然科学学术成果二等奖（2007－LNL0395，2008－LNL0536，2009－LNL0142，2011－LNL1326），均排名第一。从教以来，为本科生和研究生讲授多门课程，共培养研究生18人，多名硕士研究生先后获辽宁大学优秀研究生称号。

高凯征。男，笔名高楠，1949年9月出生，教授，博士生导师，校学术带头人。现为文学院教授，鲁迅文学奖获得者，享受国务院特殊津贴，全国模范教师，沈阳市第二届优秀专家，中国语言文学一级学科学术带头人，辽宁省重点研究基地"中国文艺思想研究"学术带头人，辽宁省重点学科文艺学学术带头人，兼任中国中外文艺理论研究会副会长、中国文学理论学会常务理事、辽宁省文学会理事长、辽宁省人民政府哲学社会科学学术委员会委员、辽宁省人民政府哲学社会科学评审委员会委员等职。

教授"文艺理论"、"艺术文化学"等十余门课程。其中"中国古代艺术论"、"艺术文化学"等为博士生课程。主要研究方向为文学理论与文学批评。著有学术专著19部，发表学术论文近百篇。早在20

世纪 80 年代末 90 年代初，其学术成果就在全国产生了广泛影响，《蒋孔阳美学思想研究》(1987 年出版)、《艺术心理学》(1988 年出版，中国台湾复汉出版社作为第一批与中国大陆学术交流的书籍 1993 年再版)、《道教与美学》(1989 年出版) 先后获中国北方 15 省市第二届、第四届、第五届社会科学优秀著作奖，《民族精神与时代走向》(1992 年出版) 获中国图书金钥匙奖，其后又以《中国古代艺术的文化学阐释》(1998 年出版) 等重要学术成果，成为中国文化诗学的代表人物之一。近年致力于生存美学与文学批评研究，出版了《生存的美学问题》、《艺术的生存意蕴》、《西论中化与中国文论主体性》等著作。其中，以关注当代社会转型文学现象为主的文学批评著作《中国文学跨世纪发展研究》2010 年获中国第五届鲁迅文学奖。近些年，主持国家社科基金项目 3 项，国家"211 工程"项目 3 项 ("九五"项目、"十五"项目和"十一五"项目，均为项目总负责人)，辽宁省教育厅重点科研项目、辽宁社科基金重点项目 9 项；连获辽宁省第五届、第六届、第七届、第八届、第十届、第十一届哲学社会科学优秀学术成果一等奖，连获辽宁省首届、第二届、第三届哲学社会科学学术年会优秀成果一等奖。

郭洁。女，1963 年 1 月出生，产业经济学博士，教授，博士生导师，校学术带头人。现任辽宁大学法学院副院长，兼任中国法学会经济法研究会理事，中国法学会民法学研究会理事，中国环境资源法学会理事，辽宁省法学会诉讼法研究会副会长，沈阳市人大立法委员会顾问。是最高人民法院《农村土地承包法》司法解释咨询专家、辽宁省资源法研究方向学术带头人、辽宁省首届中青年法学专家、国家社科基金项目评审专家、辽宁省哲学社会科学基金立项和评审专家，入选辽宁省新世纪中青年社科理论人才工程，是香港大学毕业同学基金会特邀访问学者，并曾应邀到日本东京帝国大学、中国台湾东南大学进行学术交流。曾获全国法律硕士优秀教师称号，获得第二届中国法学优秀科研成果论文类三等奖、辽宁省哲学社会科学优秀成果一等奖、二等奖，入选辽宁省优秀人才支持计划，两次获得辽宁大学振兴奖。

长期从事中国民法学、自然资源法学的理论研究，在土地法等不动产法领域成果突出。主持国家社会科学基金项目"土地所有权一体保护民事法律制度研究"、"农村发展与农民权益保护法律问题研究"，司法部法学理论与法治建设项目"农村土地使用权市场法律规制研究"，教育部社会科学基金项目"土地资源民事立法研究"、"规范房地产市场秩序法律制度研究"。在《法学研究》、《中国法学》、《法学》等法学国家级核心刊物上发表研究论文 19 篇。出版个人专著 4 部，其中《中国自然垄断产业规制权法律控制绩效研究》被经济科学出版社录入青年经济学家文库，专著《土地关系宏观调控法研究》开拓了经济法研究的新领域，论文《论土地价格法律规制若干问题研究》被《新华文摘》2005 年第 13 期全文转载。在中国法学会创新网统计的民法学论文被引证数前 200 名排名中，《土地征用补偿法律问题探析》排名第 89 位。据知网数据库检索，截至 2012 年 2 月，其论文被引证共 199 次。20 多年坚持在一线从事基础理论教学，曾获全国法律硕士优秀教师称号。

唐晓华。男，1956 年 8 月出生，经济学博士，教授、博士生导师，校学术带头人。现任辽宁大学商学院院长，国务院政府特殊津贴获得者，全国教育系统职业道德建设标兵，辽宁省"百千万人才工程"百名层次人才入选者，沈阳市第五批优秀专家，辽宁省优秀教师，英国牛津大学高级访问学者，兼任中国工业经济研究会常务副理事长、中国企业管理研究会副理事长、辽宁省普通高等学校工商管理类专业教学指导委员会副主任委员、辽宁省经济发展研究会副会长、辽宁企业管理研究会副理事长、辽宁省国有资产管理协会首届理事会常务理事。

主要研究领域为产业组织理论及应用、东北老工业基地改造与振兴、产业集群问题、装备制造业发展路径等。在国家级刊物上发表学术论文 30 多篇，左核心期刊上发表学术论文 40 多篇；出版著作和教材 9 部。主持国家自然科学基金、国家社科基金、国家社科基金重大项目和国家教育部基金项目各一项；省级课题 7 项；横向应用类课题 12 项。获国家或省级科研成果奖励 13 项。2009 年中标代表国家社科最高水平的国家社会科学基金重大项目"我国先进装备制造业发展路径研究"。

黄泰岩。男，1957 年 8 月出生，博士，教授，博士生导师，长江学者特聘教授，校学术带头人。现任辽宁大学校长，国务院学位委员会特批博士生导师，国务院政府特殊津贴获得者，霍英东青年教师奖获得者、国家社会科学基金学科评审组专家，国务院学位委员会授予"做出突出贡献的中国博士学位获得者"，国家教育部第一批跨世纪人才培养人选，国家教育部第一批人文社会科学长江学者特聘教授。国家人事部"百千万人才工程"第二层人选、美国福特基金会资助的美国南加州大学经济系访问学者，北京市第一批跨世纪人才培养人选、北京市新世纪理论人才。兼任全国高校"社会主义经济理论与实践"年会领导小组成员兼秘书长，北京市社会科学界联合会常委，北京市企业文化建设协会副会长，首都经济研究会副会长，中国中小企业国际合作协会常务理事。山东大学等 10 余所大学兼职教授。

主要研究方向为中国经济改革与发展、市场理论和企业成长与战略管理等领域，并在该研究领域产出了大量高水平的学术成果，在国内外学术界享有很高的知名度。多年来，出版著作（独著、合著、主编）30 多部；在《中国社会科学》、《经济研究》、《人民日报》等报刊杂志上发表论文 450 多篇。获得全国百篇优秀博士学位论文指导教师、教育部人文社会科学优秀成果、北京市第三届哲学社会科学优秀成果著作一等奖、全国高等学校人文社会科学研究优秀成果著作二等奖、中国"八五"科学技术成果奖等各种重大学术荣誉和奖励 20 多次。主持国家社科基金重点项目、教育部重大攻关项目、教育部人文社科重点研究基地重大课题项目、教育部长江学者资助计划项目、教育部"优秀年轻教师基金"项目、教育部跨世纪人才基金项目、教育部留学回国人员基金项目、霍英东青年教师基金以及国家发改委、中国证监会、中国保监会、水利部、北京社科联、天津发改委、杭州市政府、希望集团等委托课题 40 多项。主持国家发改委、国家工信部、天津发改委的"十二五规划"前期研究课题,主持国家工信部中小企业"十二五规划"、天津蓟县"十二五规划"等规划的编制。

崔日明。男,1963 年 4 月出生,博士,教授,博士生导师,校学术带头人。现任辽宁大学经济学院副院长,是教育部经济学类教学指导委员会国际经济与贸易专业特邀专家、辽宁省特聘教授、辽宁省优秀人才支持计划入选者(第一批次)。同时担任中国国际经济关系学会常务理事、中国国际贸易学会理事、中华全国青联第八届委员会委员、中共辽宁省委省政府第五届决策咨询委员会委员、辽宁省人民政府决策咨询委员会中青年决策咨询专家、辽宁省普通高等学校经济与贸易类专业教学指导委员会委员、中共沈阳市委市政府决策咨询委员会委员、辽宁省台湾问题研究所特聘客座研究员。沈阳市政协常委、民盟沈阳市委副主委、沈阳市对外贸易经济合作局改善投资环境顾问等。

主要研究领域为国际贸易理论与政策、东北亚区域经济合作、国际服务贸易和国际投资。先后出版《知识经济与我国对外贸易发展研究》、《东北亚区域经济合作与辽宁老工业基地振兴研究》、《世界经济概论》等著作和教材 20 余部。在《世界经济》、《管理世界》、《经济学动态》、《国际贸易问题》和《国际贸易》等国内外刊物上发表学术论文百余篇。主持国家社科基金项目和国家教育部项目及省级科研项目 40 余项。撰写的《跨国公司经营与管理》被教育部评为国家"十二五"规划教材;《国际经济合作》等 3 本教材被教育部评为国家"十一五"规划教材;《国际贸易实务》等两本教材被评为辽宁省精品教材。学术著作和论文曾多次获得国家及省部级奖励。主持的国家社科基金项目"中美贸易摩擦转向升级与对策研究"被全国哲学社会科学规划办评为优秀结题成果。主讲的"国际贸易"课程被评为辽宁省精品课程。

韩正波。男,1969 年 10 月出生,博士,教授,无机化学专业博士生导师,校学术带头人。现任辽宁大学轻型产业学院副院长,美国

化学会会员，中国化学会会员、晶体学会会员，是国际化学杂志
《CrystEngComm》、《Dalton Transactions》、《Crystal Growth & Design》、
《J. Solid StateChem.》、《Transit. Metal. Chem.》、《Inorg. Chem.
Commun.》等期刊的特邀审稿专家，宝钢教育奖获得者。师从著名多
酸化学家王恩波教授，2002年于东北师范大学化学系获博士学位。后
到中山大学化工学院陈小明院士课题组做博士后研究工作。2005年1
月作为人才引进到辽宁大学工作并被聘为教授。2009~2010年在美国
德州农工大学周宏才课题组做访问学者。2008年入选辽宁大学中青年
骨干教师。

　　主要研究方向为多金属氧酸盐的药物化学、功能配合物与晶体工
程、多孔金属有机骨架材料。曾主持完成国家自然科学基金、辽宁省
高等学校优秀人才支持计划、辽宁省百千万人才项目各一项。现主持
辽宁省高等学校优秀人才支持计划第一层次、辽宁省自然科学基金等
在研课题。近年来，在《Chem. Commun.》、《Inorg. Chem.》、《CrystEngComm》、《Dalton Transactions》、《J. Mater. Chem.》、《Crystal
Growth & Design》、《J. Solid State Chem.》、《Transit. Metal. Chem.》、
《Inorg. Chem. Commun.》、《高等学校化学学报》等国内外学术期刊
上发表SCI收录论文60余篇。授权一项国家发明专利。多次荣获辽宁
省自然科学成果一等奖。2011年，因化学学科一级学科博士点成功获
批获得辽宁大学振兴奖。培养的研究生多次获得辽宁大学优秀科研成
果一等奖。3名硕士研究生的毕业论文分别入选2008年、2010年辽
宁省优秀硕士论文。

　　程伟。男，1954年1月出生，归国博士，教授，博士生导师，校
学术带头人。现任辽宁大学党委书记。为辽宁省政府特邀研究员，辽
宁省委省政府、沈阳市委市政府决策咨询委员会委员，辽宁大学理论
经济学首席专家，国家重点学科"世界经济"领衔教授。是享受国务
院政府特殊津贴的专家、国家教育部经济学科教学指导委员会副主
任、国家社科基金评定委员会成员。先后荣获"国家百千万人才工
程"辽宁省首批入选专家、辽宁省优秀专家、辽宁省跨世纪拔尖人

57

才、辽宁省青年专业技术拔尖人才、辽宁省普通高校学科拔尖人才、沈阳市优秀专家、沈阳市优秀教育工作者、沈阳市主人翁楷模、沈阳市劳动模范、沈阳市海外留学人员归国创业十佳人物等称号，兼任中国世界经济学会副会长、中国俄罗斯东欧中亚学会副会长、辽宁省信用担保协会会长、辽宁省哲学社会科学联合会副主席、辽宁省省情研究会副会长、沈阳市科学技术协会副主席等学术团体领导职务。

在广泛研究世界经济专业所涉及的诸多问题的同时较早地把研究方向明确定位于转轨国家经济，是我国研究俄罗斯、东欧等转轨国家的著名专家，在国内乃至国外学术界享有很高的知名度。独撰、主编并公开出版学术专著 10 余部，代表作有《经济全球化与经济转轨互动研究》（商务印书馆）、《世界经济十论》（高等教育出版社）、《计划经济国家体制转轨评论》等（辽宁大学出版社）。在国内外重要学术刊物上公开发表论文近百篇。主持并完成国家级科研项目 8 项，省部级项目 10 余项。先后主持 3 项国家社科基金重点项目，即"振兴辽宁老工业基地研究"、"经济全球化与经济转轨互动研究"、"开发性金融理论与实践研究"，正在主持教育部重大招标项目"东北老工业基地的改造与振兴"。在为振兴东北等老工业基地提供智力支持方面成果颇丰，除前述成果外，还包括《振兴辽宁老工业基地的理性思考》、《全球化背景下的东北振兴》、《经济全球化：振兴东北的制度分析视角》和《辽宁省开放型经济战略研究》等，受到中央、省市领导的高度评价。

赫国胜。男，1956 年 9 月出生，博士，教授，博士生导师，校学术带头人。现任辽宁大学研究生院院长，兼任中国金融学会常务理事、中国国际金融学会理事、全国金融硕士专业学位教育指导委员会委员等，被校外 4 个单位聘为兼职教授或顾问，被中共沈阳市委市政府聘为咨询委员会委员。

多年从事国际金融学的教学与科研工作，先后讲授"货币银行学"、"国际金融"、"西方商业银行业务与经营"、"国际结算"、"国际金融英语"、"国际经济学"等 6 门本科和研究生课程。专业基础扎实，功底深厚，知识面广，较好地掌握本专业的各种知识和能力，所讲授的每门课程均达到了较高的水平，深受学生的欢迎和同行的好评。在科研领域辛勤耕耘，刻苦钻研，在学术上取得了优异的成绩，共主编、参编 30 余部专著、教材和词典，在国家级、省级刊物上发表 80 余篇学术论文。多年来，在教学、科研上取得了优异的成绩，得到了校内外的充分肯定。多次获得辽宁大学"教学优秀奖"、"教书育人先进教师"等称号。1994 年被沈阳市人民政府评为"沈阳市优秀教师"；1997 年获国家教委主持的"香港柏宁顿（中国）教育基金会第三届金球奖"；1998 年获得国务院政府特殊津贴；2001 年被授予"全国优秀教师"荣誉称号；2001 年入选"辽宁省百千万人才工程"百人层次优秀人才；2001 年被中共辽宁省委授予"辽宁省优秀共产党员"称号；2002 年被沈阳市人民政府授予"沈阳市劳动模范"称号；2003 年获得辽宁省"五一"劳动奖章；2004 年被评为"全国师德先进个人"。

穆怀中。男，1957 年 1 月出生，博士，芬兰图尔库大学博士后，教授，博士生导师，校学术带头人。现任辽宁大学副校长，入选《当代中青年社会科学家辞典》，获国务院政府特殊津贴，被评为霍英东教育基金会青年教师，入选国家"百千万人才工程"百人层次，全省首批二级教授，辽宁省攀登学者，辽宁省优秀专家，辽宁省青年科技拔尖人才。兼任中国劳动经济教学研究会副会长、中国社会保险研究会常务理事、中国人口学会理事、中国社会发展与社会保障研究会理事、中国人权研究会理事、辽宁省人口学会副会长、辽宁省机构编制管理研究会副会长、武汉大学社会保障研究中心兼职研究员、高等学校公共管理类学科指导委员会成员等职务。

长期从事国民收入分配理论、人口与社会保障研究。公开出版《中国社会保障适度水平研究》、《养老金调整指数研究》等著作 10 余部，在《经济研究》等重要学术刊物上发表论文近百篇。其中，专著《国民财富与社会保障收入再分配》被专家评价为是"理论百花园中的一朵新葩"；专著《养老金调整指数研究》入选"'十一五'国家重点图书出版规划项目"。较早提出了"趋中理性控制"、"轴心控制"等理论；在《经济研究》上首次提出并论证了"社会保障适度水平"理论，其中关于社会保障适度水平模型、中外社会保障适度水平的具体测量、中国社会保障适度水平的近远期预测等，在全国学术界产生了很大影响；在《人民日报》上发表文章提出三次分配中"生存公平"和"劳动公平"的观点，在国内外产生了很大反响，备受学界关注。主持国家级社科基金重大项目"完善我国农村养老保险体系和提高社会保障水平研究"一项，国家自然科学基金项目"养老保险统筹层次收入再分配系数研究"、"中国社会保障适度水平研究"和"中国养老金调整指数研究"3项，国家社会科学基金项目"改革年代社会控制特点"、"振兴东北老工业基地中的人口和就业问题研究"和"经济转轨过程中的社会保障收入再分配关系问题研究"3项；主持欧盟项目、亚洲发展银行项目等国际合作交流项目4项，省部级项目多项。

院长剪影

文学院院长胡胜。男，1969年3月出生，博士，教授，博士生导师，校学术带头人第二梯队成员。现任辽宁大学文学院院长、辽宁省特聘教授，兼任中国《三国演义》学会理事、中国《儒林外史》学会（筹）常务理事、辽宁省国学研究会（筹）会长、铁岭《红楼梦》研究会顾问。先后被评为辽宁省优秀青年骨干教师、辽宁省教育厅优秀人才、辽宁省普通高等学校专业带头人、辽宁省教育厅优秀教学团队带头人，入选辽宁省教育厅"百千万人才"工程百人层次，2010年被聘任为辽宁省政府中青年决策咨询专家。主要从事中国古代文学的教学、科研工作，主攻元明清小说、戏曲，兼及满族文学。先后承担国家社会科学基金项目、教育部高校古籍整理委员会项目4项。出版专著《明清神魔小说研究》、《神怪小说简史》、《正说西游记》、《西游记研究》等，整理古籍《西游记戏曲集校注》，参撰国家"十一五"规划教材《明清小说分类选讲》，主编《中国古代文学作品选·明清近代卷》、《新编大学语文教程》等多部。先后在《光明日报》、《文学遗产》、《文献》、《明清小说研究》、《社会科学辑刊》、《红楼梦学刊》等刊物上发表学术论文 20 余篇。其论文与专著多次获辽宁省政府人文社科优秀成果二、三等奖。为本科生、研究生先后开设"中国文学史"、"文学经典导读"、"明清神魔小说研究"、"红楼梦研究"、"中国古代小说史"、"中国戏曲史"、"武侠小说研究"等课程。

历史学院院长韩毅。男，1958 年 10 月出生，教授，博士研究生导师，校学术带头人第二梯队成员。现任辽宁大学历史学院院长，兼任中国经济史学会副会长、中国世界近代史学会副会长、辽宁省历史学会会长、九三学社沈阳市委副主委、九三学社辽宁省参政议政委员会副主任。沈阳市第十三届人民代表大会代表，沈阳市人大法制委员会委员，辽宁省高等学校教学名师，主要研究世界史、美国史和中外经济史。主讲"外国近现代经济史"、"西方经济学（微观、宏观)"、"西方制度经济史学"、"新制度经济学"等课程。已出版《美国经济史（17～19 世纪)》、《美国赶超经济史》、《美国工业现代化的历史进程》、《西方制度经济史学研究——理论、方法与问题》等专著 10 余部；在《中国社会科学》、《世界历史》、《史学理论研究》、《中国经济史研究》等国家及省级期刊上发表学术论文 40 多篇；主持、完成了"西方新经济史学研究"和"文化传统、约束机制与契约履行"两项国家社科基金项目以及包括教育部人文社科基地重大研究项目"文化传统与制度变迁的路径依赖"在内的国家及省部级科研项目 20 多项；曾获辽宁省优秀教学成果一等奖，两次获得辽宁省政府哲学社会科学优秀成果奖二等奖，两次获得辽宁大学振兴奖。

哲学与公共管理学院院长王国坛。男，1963 年 7 月出生，博士，教授，博士生导师，校学术带头人第二梯队成员。现任辽宁大学哲学与公共管理学院院长兼 MPA 教育中心主任、辽宁省中青年决策咨询专家、辽宁省哲学社会科学成果奖学科评审专家、辽宁省教育厅社会科学委员会副主任兼哲学部召集人、全国应用哲学研究会副会长、辽宁省哲学学会秘书长等。近年来，在《哲学研究》、《哲学动态》、《马克思主义与现实》等专业刊物上发表《在实践基础上实现人与自然的和解》、《活动的感性：知识论的动力原则》、《马克思哲学劳动主题引论——兼与吴晓明教授对话》、《论实事求是——马克思哲学方法论研究》、《近 30 年马克思主义哲学研究的逻辑进程——从物质本体论到马克思的感性思想》等论文 18 篇。出版《感性的超越——马克思哲学变革的基础》、《马克思对传统感性思想的反思与重建》等专著 2 部。主持国家社科基金一般项目"马克思感性思想研究"、国家社科基金重大招标项目"雷锋精神的当代价值研究"子课题"雷锋精神与当代社会价值体系建构"以及省社科基金、省教育厅项目等共 7 项；参与研究国家社科基金一般课题 2 项、省级课题 4 项。多次获得辽宁省哲学社会科学成果奖。主要讲授"马克思主义哲学史"、"马克思主义哲学经典著作选读"、"德国古典哲学"、"马克思主义哲学基础理论研究专题"、"哲学修养"等课程。

　　经济学院院长黄继忠。男，1954 年 8 月出生，经济学博士，教授，博士生导师。现任辽宁大学经济学院院长，兼任中国工业经济学会副理事长。曾主持国家人文社科"八五"重大项目、教育部人文社科重点研究基地重大项目、国家"211 工程"三期重点学科建设项目子课题等，研究成果曾获中国高校人文社科优秀成果奖和辽宁省哲学社会科学成果奖。出版多部学术专著，其中《城市学概论》是中国最早的一部城市学论著，构建了城市学理论的分析框架；《工业重构：调整与升级》是研究辽宁工业经济的一部专著，是辽宁省政府制定经济社会发展规划的重点咨询工具书；《区域内经济不平衡增长论》在区域经济学理论中首次论证了区域内经济不平衡增长的客观必然性和必要性。在国内重要刊物公开发表学术论文多篇，其中《论乡镇工业的集聚》论证了乡镇工业集聚的客观必然性，并首次提出把乡镇工业的重点建在镇上的观点；《对产业结构优化理论中一个新命题的论证》在原有产业结构优化理论的基础上提出了产业结构高效化的观点，并系统加以论证，此文被《新华文摘》2002 年第 6 期转载；《省级财政支出制度：委托代理关系下的分析》采用委托代理分析框架，分析了辽宁省省本级财政支出制度中的弊端，提示了财政支出问题的根本性原因，该文被许多文章引用。从教以来，为本科生、研究生主讲"产业经济学"、"发展经济学"、"规制经济学"、"区域经济学"等课程，深受好评。

商学院院长唐晓华（已在学术带头人风采中介绍）。

法学院院长佟连发。男，1963年9月出生，副教授，1986年毕业于中国政法大学。现任辽宁大学法学院院长，辽宁大学法律顾问，兼任辽宁中联律师事务所主任。主讲"国际法学"、"国际私法学"、"国际贸易法"、"海商法学"、"国际投资法"、"国际商法"、"国际私法协助研究"等课程。主要科研成果有《国际公法》（主编，辽宁大学出版社出版）、《国际私法》（主编，辽宁大学出版社出版）、《国际经济贸易法律实务》（副主编，辽宁大学出版社出版），并在《国际贸易》、《辽宁大学学报》、《辽宁公安》等杂志上发表论文10余篇。曾主持的科研项目有"保税制度及其法律研究"（1992年省重点科研项目）、"宏观控制的法律研究"（1995年省重点科研项目）。曾荣获沈阳市高校青年教师优秀课大赛优秀奖、沈阳市优秀教师称号。主编的《国际公法》获辽宁省社会科学优秀成果二等奖。入选为辽宁大学优秀中青年骨干教师。

外国语学院（武圣校区）院长张万夫。男，1956年出生，硕士，教授，硕士生导师。现任辽宁大学外国语学院（武圣校区）院长。1978年入辽宁外国语师范学校，1981年毕业留校任教，1995年毕业于吉林大学，获研究生学历，硕士学位。1997年晋升为日语副教授，2005年晋升为教授，2003年被聘为硕士研究生指导教师。主要从事日语教学与研究。1981年以来，先后讲授本科生和研究生的日本文法学概论、阅读、听说、文学、语法等课程。1997年以来，出版《日语语言学概论》专著一部，编写《日语副词辨析》、《日语拟声拟态词辨析》、《日语基础训练》、《日语能力测试综合试题》等教材、教学辅导用书10部。撰写《"文结构"与"格关系"》、《陈述と文の成立》、《对日语接续助词「て」的意义及用法的探讨》等多篇学术论文。参

63

加国家社科"九五"规划单列立项课题"满铁资料理论研究",并担任编委会成员和出版委员会委员。

外国语学院（蒲河校区）院长周洁。女，1963年1月出生，博士，教授，硕士生导师，牛津大学高级访问学者。1993年参加全国律师资格考试，取得律师资格。现任辽宁大学外国语学院（蒲河校区）院长。先后被评为辽宁大学60位模范人物奖、辽宁大学首届优秀管理干部、辽宁大学"三育人"先进个人，两次获得辽宁大学"巾帼建业英雄"荣誉称号。曾出版著作、译著10余部，其中译著大卫·李嘉图的《政治经济学与赋税原理》获得第九届辽宁省哲学社会科学科研成果三等奖（首届政府奖），并在2008年被大卫·李嘉图的家乡英国Chippenham博物馆及历史遗产中心（Chippenham Museum & Heritage Centre）收藏，与澳大利亚Colin Clark教授共同主编的《中国高等教育国际化——中外合作办学的挑战》成为中外合作办学研究的范例。先后承担各级科研立项近20项，撰写论文20余篇，曾荣获中国教师奖励基金会"十一五"规划重点课题一等奖，辽宁经济社会发展课题成果一等奖，辽宁省"十五"教育科学优秀成果二等奖，辽宁省教学成果二等奖，辽宁省第七届哲学社会科学科研成果三等奖，第九届（首届政府奖）哲学社会科学科研成果三等奖，辽宁省优秀教学成果二等奖，辽宁大学优秀教学成果二等奖。讲授课程"国际管理学"为辽宁省精品课程。

广播影视学院院长庚钟银。男，1962年10月出生，博士，教授，校中青年骨干教师。现任辽宁大学广播影视学院院长，兼任全国艺术硕士教学指导委员会戏剧与影视艺术教学分指导委员会委员、中国高等教育学会影视教育专业委员会副会长、中国电视艺术家协会高校专业委员会常务理事、辽宁省人民政府学科评议组成员、辽宁省电影电视剧审查委员会委员、辽宁广播电视台业务指导委员会委员、辽宁省电视艺术家协会副主席、辽宁省美学学会副会长。曾任四川国际电视节、中国大学生电视节、中国大学生戏剧节、中国广播电视学会、中央电视台等大赛或节目评比活动的评委。任教以来，为本科生讲授过

"电视新闻"、"电视新闻写作"、"电视专题节目制作"、"电视纪录片创作"、"电视策划"、"电视声响艺术"、"电视编导基础"、"电视艺术概论"、"影视作品分析"、"电视传播"等课，为研究生讲授过"大众文化导论"、"电视艺术学"、"视听语言"、"电视纪录片研究"、"电视节目主持研究"、"电视栏目研究"等课。在多种报刊上发表关于文学、戏剧、电影、电视的论文及评论百余篇；主编或主审的教材、著作公开出版10余种；主持或参与的省部级以上科研课题10余项。担任主创的电视节目在中央电视台、辽宁电视台等播出100余部。

国际关系学院院长刘洪钟。男，1970年11月出生。经济学博士，教授，博士生导师，校学术带头人第二梯队成员。现任辽宁大学国际关系学院院长，兼任中国世界经济学会常务理事、辽宁省世界经济学会副会长。辽宁大学学术委员会委员，辽宁省首批特聘教授。教育部"优秀青年教师资助计划"项目获得者，"辽宁省高等学校优秀人才支持计划"获得者。曾先后在韩国开发研究院（KDI）、美国圣路易斯华盛顿大学做访问学者。主要研究领域为世界经济理论、东亚经济。主讲课程有"世界经济"、"国际政治经济学"、"国际经济专题"、"全球化导论"等。先后出版专著6部，发表论文40余篇，主持国家及省部级课题15项。代表作有《东亚跨国直接投资轨迹研究》、《经济全球化与经济转轨互动研究》、《韩国赶超经济中的财阀制度研究》等。目前在研项目为国家社科基金"后危机时代东亚经济再平衡及中国战略研究"。曾获教育部人文社科优秀成果二等奖，辽宁省哲学社会科学（首届政府奖）一等奖，辽宁省哲学社会科学二等奖，中国世界经济学会会长奖。

马克思主义学院院长房广顺（已在学术带头人风采中介绍）。

亚澳商学院院长邢源源。女，1972年11月出生，经济学博士，教授，硕士生导师，现任辽宁大学亚澳商学院院长，兼任全国美国经济学会理事、辽宁省世界经济学会理事。美国亚利桑那州立大学和印第安纳州立大学博士后，美国印第安纳州立大学访问学者，曾获教育部霍英东教育基金会高等院校优秀青年教师奖、高等教育国家级教学成果二等奖、美国印第安纳州立大学中国交流项目杰出贡献奖、亚利桑那州立大学优秀访问学者奖、省高等教育教学成果二等奖，入选省"百、千万人才工程"千人工程，市优秀青年知识分子，省优秀青年骨干教师，为辽宁大学十佳教师、优秀教师、巾帼建业先进个人、中青年骨干教师、优秀青年教师。目前主持教育部首批双语教学示范课程建设项目、国家社科基金青年项目和省科技厅软科学项目，已主持完成省级科研项目2项、省教育厅教改项目一项，参与完成一项国家教育部重大攻关课题和两项省级科研项目。研究方向包括美国经济、创新与创业管理、项目管理、国际贸易、国际商务。在中国社会科学出版社出版专著一部，在商务印书馆出版译著一部，在国际学术期刊上发表英文论文4篇，在国家级学术期刊上发表论文20余篇（CSSCI入选7篇），在省级学术期刊上发表论文多篇，参编了多部著作。曾荣获2005年辽宁省政府优秀调研报告奖一等奖。

新华国际商学院院长曹立华。女，1963年1月出生，教授，硕士研究生导师。现任辽宁大学新华国际商学院院长。美国印第安纳州立大学访问学者。曾获得沈阳市劳动模范、辽宁省教育国际交流合作工作先进个人、沈阳市五一劳动奖章、沈阳市五一巾帼先进个人、辽宁大学优秀共产党员、辽宁大学巾帼建业先进个人、美国印第安纳州立大学中美合作项目突出贡献奖等荣誉。研究方向：翻译理论，英汉语言，文化比较，跨文化沟通。为本科生和研究生讲授"英汉、汉英翻译理论与实践"、"跨文化商务沟通"、"国际商务谈判"等课程。从事国际交流合作工作10余年，完成了众多省、市政府下达的高级别外事接待工作以及大型国际会议和文化交流活动的组织、协调工作，组织申请并顺利完成欧盟伊拉姆斯项目、美国文化局中美合作科研项目、国家留学基金委国际交流与合作项目等。近3年来，参加经典中国国际出版工程项目，翻译汉译英作品一部（该书参加了法兰克福国际书展），英译汉作品一部，短篇译文一篇，主编英汉双语图书4册，主编教材一部，主持、参加省社科基金和省社科联项目3项。

本山艺术学院院长崑光辉。男，1953年5月出生，管理学硕士，副教授，硕士研究生导师。现任辽宁大学本山艺术学院院长、毕业于辽宁大学，曾任辽宁大学广播影视学院首任院长，广播影视学院党总支书记等职务，为学校与广播电视厅合作办学做出了贡献。从教多年来，讲授"广播电视概论"等课程，受到师生的广泛好评。主要研究领域为广播电视艺术学与传播管理，主要作品有《广播电视与辽宁经济发展》、《岁月沧桑》及《中华美食文化》等。承担的项目有电视剧《岁月留痕》等。

数学院院长李觉先。男，1956年10月出生，博士，教授，硕士生导师。现任辽宁大学数学院院长，兼任辽宁省数学会副理事长，美国数学会（AMS）会员，德国《数学文摘（Zentralblatt Math）》评论员。1985年从事高校教学工作。先后为本科生、研究生主讲过"数学分析"、"复变函数"、"实变函数"、"泛函分析"、"现代概率论基础"和"拓扑学"等8门课程。专业方向为泛函分析、算子理论。从事基础数学研究30年，在《Proc. Amer. Math. Soc.（美国数学会会报）》、《中国科学》、《数学学报》等国内外著名杂志上发表论文20余篇，在算子理论研究中处于国内前列，在国内外学术界有一定影响。

特别是2012年在国内外著名杂志上独立发表了3篇高水平学术论文，解决了算子理论中一个久而未决的公开问题，提出了一个新的研究方向，使我校的泛函分析和算子理论学科在省内高校名列前茅。目前主持省教育厅一般项目一项（"算子代数的K0群及其应用"），作为第一参与人参与国家自然科学基金2项（"Bergman空间与Toeplitz算子的一些相关问题"、"非自伴算子代数的稳定秩理论与应用"）。2004年获辽宁省自然科学一等奖一项。

物理学院院长张程华。男，1960年2月出生，博士，教授，硕士生导师。现任辽宁大学物理学院院长，辽宁大学原子与辐射研究所所长，辽宁省青年骨干教师，辽宁大学青年骨干教师。兼任国家自然科学基金评审专家、辽宁省物理学会副秘书长。主要研究电子和离子与原子散射的离化过程。近年来，主持完成国家自然科学基金"弱激光场环境中离子与原子离化过程的研究"项目、辽宁省教育厅"金属材料断裂性能的研究"项目、辽宁省政府"固体结构和原子非弹性散射分析"项目、辽宁省教育厅"电子碰撞下原子电离的研究"项目,参加全国"211工程""离子碰撞下原子电离的研究"等研究课题5项。出版著作一部,在国内外重要学术刊物上发表学术论文30余篇,其中近10篇被SCI收录。在教学领域,为本科生和研究生教授"量子力学"、"热力学与统计物理"、"原子物理学"、"量子散射理论基础"、"原子分子结构理论"、"文献阅读"等课程,已经培养近20名研究生,其中多人攻读博士学位。

化学院院长张向东。男,1963年6月出生,理学博士,教授,博士生导师,校学术带头人第二梯队成员。现任辽宁大学化学院院长。从事无机化学方面的教学与科研工作。讲授的主要本科课程有"无机化学"、"无机化学实验"、"生物无机化学"、"生物化学"、"食品化学"、"科技写作"等。作为主持人或主要完成者完成"复杂固体表面酸碱性研究"等国家自然科学基金项目4项、省级科研项目10余项;发表混配配合物中配体间弱相互作用等方面研究论文80余篇;"一种聚苯胺插层锰氧化物复合材料的水热制备方法"等研究获国家发明专利8项。曾获辽宁省科技进步奖三等奖(自然科学)、辽宁省青年科技奖、辽宁省教育厅科技进步奖、陈香梅优秀青年学科带头人奖、辽宁大学优秀本科教师称号等。目前的主要研究方向为配位化学、含硼功能性杂化材料的构筑与应用。

药学院院长陈长兰。男,1963年8月出生,博士,教授,硕士研究生导师,校中青年骨干教师。韩国首尔国立大学遗传与分子生物学研究所博士后。现任辽宁大学药学院院长,主讲课程有"普通遗传学"、"生物技术制药"等。先后承担多项国家和省市科研课题,正在主持和参与的国家自然基金项目有"果蝇硒蛋白G−rich的细胞定位、拓扑结构和分子功能研究"(主持人)和"梨抗旱矮化砧木的选育及矮化形状相关分子标记的研究"。近期研究发现的果蝇硒蛋白—新基因类型被国际基因库 GenBank 收录。先后在《Biochemicaland Biophysical Research Communications》、《Biochemistry (Moscow)》、《稀有金属》、《生物数学学报》等国内外学术刊物上以第一作者发表学术论文 40 余篇，参与编写完成学术著作 3 部。参与完成的两项成果获国家科技进步二等奖，三项获农业部科技进步二、三等奖。

生命学院院长刘宏生。男，1963 年 10 月出生，日本岐阜大学微生物学博士学位，教授，校中青年骨干教师。现任辽宁大学生命学院院长，兼任辽宁省生物大分子计算模拟与信息处理工程研究中心主任、中国农业生物技术学会理事、辽宁省微生物学会副理事长、辽宁省遗传学会副理事长、辽宁省生理学会理事、辽宁省营养学会理事、辽宁高级专家振兴服务团专家。现从事分子微生物学、生物信息学、发酵工程、生物制药和功能食品方面的研究。主持国家自然科学基金和辽宁省科技厅、辽宁省教育厅以及企业横向课题多项，包括禽流感快速检测及预测基因芯片的研究、纳豆激酶的研究、桦褐孔菌功能因子的研究、辅酶 Q10 的研究、紫杉醇的研究、冻干菌粉机制的研究、农药残毒降解的研究、新型果脯的研究、谷氨酰胺合成酶固定化的研究、松茸人工培养的研究、太岁的研究。在国内外专业杂志上发表学术论文 60 余篇，多篇被 SCI 索引。

环境学院院长宋有涛（已在学术带头人风采中介绍）。

信息学院院长牛斌。男，1963 年 4 月出生，硕士，教授，硕士生导师。现任辽宁大学信息学院院长、电工电子实验教学中心主任。"曾宪梓"奖教金获得者，曾获沈阳市优秀教师、辽宁大学沈阳市教科工委优秀共产党员、辽宁大学优秀共产党员、辽宁大学十佳教师、优秀本科生教师、辽宁大学"三育人"先进个人称号。公开发表国家级、省级论文 20 余篇，出版专业教材 3 部。主持及参与了国家"863"项目、辽宁科委项目、辽宁省教育厅科研项目和沈阳市科委项目 20 余项。先后获得中国人民解放军总装备部军队科技进步三等奖，空军三等奖，沈阳市第四届学术年会一等奖，沈阳市职工技术革新成果奖二等奖、三等奖，一项成果获得国家专利。

从教以来，先后主讲了"电子线路 CAD"、"单片机原理与应用"、"智能仪器原理与应用"、"微机原理与应用"、"电子设计与测量"、

"电子设计自动化"、"电子系统设计"等 13 门本科及研究生课程。主持完成了辽宁省教育厅高等学校教改项目 2 项，曾两次获得辽宁省教育厅教学成果二等奖。组织并指导学生参加了 1997～2011 年全国大学生电子设计竞赛，成绩喜人，被评为"全国大学生电子设计竞赛辽宁赛区优秀组织工作者"。主持实验室的建设工作，被评为 2004～2008 年度辽宁省普通高等学校实验室建设及仪器设备管理工作先进个人。

轻型产业学院副院长（主持工作）韩正波（已在学术带头人风采中介绍）。

人文科技学院院长毕连福。男，1964 年 2 月出生，经济学硕士，副研究员，现任辽宁大学人文科技学院院长，兼任辽宁省民办教育协会副会长、辽宁省民办高教协会专业委员会副会长。曾任辽宁大学经济管理学院副书记、副院长，辽宁大学高等职业技术学院常务副院长，辽宁大学后勤发展集团总经理。多次荣获省市高校后勤管理工作先进个人、辽宁大学优秀管理干部、辽宁大学"三育人"先进个人、辽宁大学优秀共产党员等荣誉称号。撰写的论文《从企业内部层面认识"以人为本"》、《企业文化是企业可持续发展的灵魂》、《注重人才培养打造高素质后勤队伍》等在辽宁大学和沈阳高校后勤学会获奖。主编的《高校后勤企业化管理及自组织机制研究》一书在辽宁大学出版社出版，参与辽宁省教育厅项目"民办高校管理研究"。

国际教育学院院长文然。男，1962 年 11 月出生，教授，硕士生导师。现任辽宁大学国际教育学院院长，中国新闻教育协会常务理事，中国电影家协会和中国电视家协会会员。自 1985 年留校任教至今，先后主讲"传播学"、"大众传播研究"、"电视文艺学"、"宣传方法研究"、"媒介娱乐学"、"西方新闻传播学名著选读"、"马克思主义新闻思想"、"传播媒介导论"等课程。2002 年，作为访问学者赴中国台湾世新大学讲学，讲授"传播与社会"、"中国当代新闻事业"和"中国电视专题 3 门本科课程"和"媒介娱乐学"一门硕士生课程。主要从事大众传播的娱乐研究、媒介研究方向，先后承担省社科基金项目、韩国财团资助项目等多项科研课题，著有《电视艺术走向》、《新闻传播学》、《名记者论》、《电视文艺学》、《电视艺术总论》等学术专著，并在国内外学术杂志上发表学术论文多篇。担任编导的电视作品先后获得国家级和省级奖励。其中，担任 18 集历史电视连续剧《远东阴谋》编剧，荣获国家"五个一"工程奖；由其担任 10 集电视专题片总策划、总撰稿的《热血之歌》，荣获第十届中国电视文艺星光奖。

公共基础学院院长陈峰。男，1954 年 9 月出生，教授，硕士生导师。现任辽宁大学公共基础学院院长，兼任中国译协理事、辽宁省翻译学会顾问、辽宁省作家协会理事、辽宁省作家协会中外文化交流委员会主任。曾获辽宁大学"十佳教师"和辽宁大学"优秀共产党员"等称号。1974 年 2 月毕业于大连外国语学院英语学系，毕业后分配到辽宁大学外语系执教。1976～1978 年在英国曼彻斯特大学和华威大学留学。1993 年作为中国高级学者赴英国学习，回国后继续在辽宁大学外国语学院执教。2009 年 8 月调至辽宁大学公共基础学院。出访过欧、美、澳大利亚等近 20 个国家和地区。曾出版或发表《美国文学选读》、《社会的记录仪——英国戏剧与语言》、《尼克松的隐居生活》、《汉英英汉实用外经外贸词典》、《分组识字学汉语》（上、中、下）、《萧伯纳与"华伦夫人的职业"》、《黄帝内经集粹》、《评"宗教、艺术与文化传统"》、《语言与文化》、《战地钟声》等译著、教材和论文。主讲本科和硕士研究生的精读、"修辞与写作"、"文化人类学"、"阅读与欣赏"等课程，深受学生喜爱。

研究生院院长赫国胜（已在学术带头人风采中介绍）。

成人/继续教育学院院长李宏娟。女，1968 年 8 月出生，经济学硕士，副研究员。兼任辽宁省高校成人教育研究会副理事长。荣获辽宁省优秀博士后管理人员、辽宁大学"巾帼建业"先进个人等荣誉称号。多年从事研究生教育与管理工作，发表多项相关科研成果。曾担任《论学位与研究生教育》、《高举旗帜 改革创新——辽宁经济社会发展研究》2 部专著的副主编，发表科研论文 10 余篇。先后承担多项科研课题，是辽宁经济社会发展立项课题"地方重点高校研究生培养机制改革与创新研究"、辽宁省研究生教育创新计划项目"辽宁大学研究生中外联合培养模式理论与实践研究"等课题的负责人。是辽宁省社会科学基金委托项目"深化对劳动与劳动价值论的认识"、辽宁省社会科学基金项目"辽宁国有企业改革的经济社会学分析"、辽宁教育考试"十一五"科研规划课题"研究生招生考试自命题测量、自命题质量控制和评估研究"、辽宁省社会科学界联合会项目"高等学校教学管理改革与创新人才培养"、辽宁省社会科学界联合会项目"高校专业学位教育发展的问题与对策研究"等课题研究的主要参加者。

校友拾步

■文/苗恩生　李艳春

回眸之前的60年，桃李芬芳，学校培养出的15万名毕业生遍及大江南北，活跃在五湖四海，为辽宁、为中国的社会进步和经济发展奉献着自己的热血和汗水。他们当中有政界精英，有商界才俊，有科技先锋，有文坛领袖，有学术权威，有艺术骄子，还有默默耕耘的普通建设者。在这里仅为大家介绍4位具有代表性的校友。

为官胸襟，学者情怀
——记我校校友、九届全国政协副主席王文元

从大学教授到党外高级领导干部，他被人们称为"学者型官员"。从学校教员到全国政协副主席，他被媒体称为"布衣高官"。让我们通过简略的文字，记叙和倾听校友王文元从政、治学、事业、人生的

思与行，体会和感受一位长者的为官胸襟和学者情怀。

（一）

　　王文元 1988 年离开从教 30 年的辽宁大学进入政府部门工作。此后，从省政府到最高检察院再到全国政协，他的身份随着时间推移在不断变化，而不变的是他为学的谦逊、为人的坦诚、为官的虚怀。

　　1988 年 1 月，王文元在辽宁省第七届人民代表大会上，以高票当选为辽宁省副省长，分管文化、教育、体育、卫生、计划生育等工作。学者为官，王文元坦言："我做梦都没想到要走入仕途，也确实不知道该怎样做官，但我心中有一个坚定的信念：我来自群众，来自知识分子，了解平民百姓的疾苦和心声。只要不沾染官僚习气，保持知识分子的本色，尽自己所能踏踏实实为人民群众做事，相信老百姓会接受我。"如今，他离开辽宁虽然已经有 20 多个年头了，但是了解他的百姓提起他仍然满怀思念之情。这就是所谓的"政声人去后"。

　　1992 年 3 月，全国人大常委会任命他为最高人民检察院副检察长，检察委员会委员。这也是新中国成立后第一位来自民主党派的高检副检察长。面对这个没有前辙可循的第一，王文元十分清楚：能够到高检这一级的肯定都是大案要案，涉及的也大多是各级要员。"我虽是党外人士，但在监督检查时，我都是依据事实和法律坦陈己见，严格执法。因为让我担任这个职务，说明党对多党合作制度的高度重视。"为了鼓励群众监督、检举腐败现象的积极性，他对所有写给他的群众来信都是亲自拆阅，并及时批转有关部门办理。因为分管监所检察工作，他成为到过监狱、看守所最多的领导人之一。他写出了关于如何加快监狱立法、建设现代化文明监狱等一系列调研文章。《关于秦城监狱的几点意见》的报告，受到中央领导高度重视。王文元关于胡长清、成克杰等高层官员贪污受贿及防止腐败问题的一些谈话和观点，深蕴哲理，启人思考。年过 60 的王文元依然以做优秀学者的风格去做一个中国的大法官。

　　1998 年 3 月，王文元在全国政协九届一次会议上当选为政协副主席。此时，他任九三学社中央副主席已有 10 年。身兼数职，王文元坦言："我是在党和国家无微不至的关怀下一步步成长起来的。我年龄不小了，职务已经很高，在有生之年，能为国家和人民尽我最大努力做些实事，是我最大的心愿。"上任以后，他更是把精力集中到参政议政上来。他多次率政协委员视察团就国有企业改革、台商台资状况、建筑工程质量、民族地区基础教育、滇池和丽江古城保护、可持续发展等重大问题，深入基层，了解情况，足迹遍布大江南北。

作为九三学社中央常务副主席，王文元协助九三学社中央主席吴阶平开展了许多有益于人民的工作，其中之一就是把九三学社参政议政与全国政协的重要活动协调起来。王文元亲自领导的课题组共有 17 个，2000 年 3 月还成立了九三学社参政议政工作研究中心。随着可持续发展战略的确立，他在每年的政协会议上都提交相关的大会发言和提案。几年来，关于保护环境、水资源、国土资源等提案均得到了中央和有关部门的高度重视。勤勉为政、参政议政、肝胆相照正是王文元为官之道的真实写照。而这些建言献策更被媒体评价为"想的都是功在当代、利在千秋的大事"。

（二）

熟悉王文元的人都会有这样的评价：他是一个学者型的官员。王文元的学者气不仅表现在他不急不缓的话语中、不偏不倚的观点中、不蔓不枝的品行中，还充分表现在他那凡事都条理分明、都有一番前因后果转承起接的思维方式中。他曾说过："我能够有今天的一切，被组织推荐到大学求学是个起步。而这个起步，在某种程度上又得益于幼时的家训……"

王文元祖籍湖北黄陂，1931 年出生在河南。父亲对王文元要求很严格，总是要他把每一件事都做好，根本不让他有玩耍的时间。在父亲眼中，大好时光不用来学习、做事，那简直是罪过。王文元从小在父亲"玩物丧志，玩人丧德"的严厉管束下成长。直至今日，他仍是惜时如金、不敢怠慢，对许多休闲、娱乐的方式基本上一窍不通。他戏称，这是过去那种家庭教育产生的"后遗症"。1953 年，他被选送到东北会计统计专门学校会计系、东北财经学院财政系学习。这一年他 22 岁。1958 年，王文元来到辽宁大学教书，从助教、讲师、副教授一直到教授，从教研室主任、系主任一直到经济学院首任院长。曾有人问王文元："在你当选经济学院院长时，学校较你年长、职级更高的不乏其人，为什么单单选中你了呢?"王文元颇费思量，正忙着考虑如何做好这项工作，对于为什么是由他做这项工作这个问题，一贯服从组织安排的王文元还真来不及多想。面对提问者，王文元思虑半晌方才慢慢说道："也许是经过很多事以后，人家看我还比较诚实可信吧。"他治学严谨，勇于开拓。他刻苦钻研，著书立说，撰写、编著、主编、审定及翻译出版专业学术著作、教材、工具书等 30 余种，成为会计学界建树颇丰的学者。他教书育人 30 余年，桃李满天下。如今，工作在国内外的学生们回忆起循循善诱、诲人不倦的王老师，依然那么情真意切、记忆深刻，来看望他的学生总是络绎不绝。

虽然王文元 1988 年离开了辽大校园，但是他仍然时刻关心和牵挂着辽宁大学的建设和发展。他多次回到母校视察指导工作，总是站在国家发展全局的高度，结合社会发展趋势和辽宁大学实际，高屋建瓴地提出未来发展的指导意见和看法。1998 年 5 月和 9 月，王文元两次回到母校，出席建校 40 周年庆祝大会，与我国著名经济学家、辽宁大学原副校长宋则行教授共同为新图书馆启用剪彩。2005 年 1 月，王文元返回母校视察蒲河新校区，连声称赞并挥毫写下发展新期待："立足辽宁服务全国，面向世界创建名校。"随着学校的发展和影响力的提升，特别是经济学科的日益壮大，辽大学者进京参加学术会议和交流的机会越来越多，而他们总是愿意向他报告学院、个人发展的喜讯，共同分享快乐，更愿意聆听和得到这位经济学前辈的谆谆教诲。2005 年 11 月，由原经济学院划分出来的工商管理学院，经过 10 年发展取得了令同行刮目相看的成绩。王文元为此发来贺信勉励大家。2008 年 3 月和 4 月，王文元接见了赴京拜访他的学校领导，愉快地回忆起在母校学习和工作的美好时光，十分动情。他专门为辽大 60 周年校庆题词"六秩春秋辛勤耕耘累累结硕果，十万学子鲲鹏展翅代代显俊才"，表达对母校的热烈祝贺和美好祝愿。

王文元曾经感慨地说："我最喜欢的职业还是当教授。"在他心目中，职业没有好坏之分，只要是自己适合的工作就是好职业。他认为，他还是最适合做一个学者。王文元对大学、对教育有着深刻的认识和体会，对母校、对教师职业有一种特殊的情结。

（三）

王文元从全国政协副主席岗位上退下来后，仍然每日读书看报，关心、关注国际国内发生的时事新闻，为国家和九三学社的工作而继续思虑操劳。他年逾八旬，却依然精神矍铄；语调不高，谈吐平和而有力；举手投足，方寸得体而儒雅，依然闪烁着学者气质。

关于健康养生和个人修养，他提出了"三个原则"：一是饮食起居多些规律，不挑食，不偏食。一次，他去西藏自治区考察时，坚持入乡随俗，按照平日常量进餐。他认为，一个地区饮食习惯的形成有其历史文化渊源，因而到任何地方都应尽可能去适应当地的风土人情，包括餐饮习俗。这不仅是对当地人的尊重，也是一种不可多得的生活经历。在通常情况下，他生活很有规律。他认为，规律可以使人体更好地适应工作和生活节奏，保持足够的精力储存。他每天晚饭后要看新闻联播，然后看报纸杂志或写点东西，通常 11 点前就寝。二是物质生活多些淡泊，不求奢华，培养高品位爱好。担任全国政协副主席时，王文元在每天工作之外，一有空就坐下来与书本打交道。这种生活方式看来有点单调，而他却全身心沉浸其中，自得其乐。他说："不读诗书，是口浊也；不通古今，是身浊也。口浊身浊，何来心清目明？"他强调要培养高品位爱好。王文元喜爱游泳和书法，喜欢那种身心放松的感觉。他非常赞赏毛主席"任凭风吹浪打，胜似闲庭信步"的豪迈意境。在出任辽宁省副省长时，因为分管体育，多次陪同外国友人垂钓，使他领悟了钓鱼的超然乐趣。他常说："钓鱼乐不在鱼，而在山水之间也！"三是重视和强调人生要宽容与豁达。在他的观念中，健康的身体不仅取决于良好的生活习惯，也取决于良好的心理品质。世事复杂繁多，宽容与豁达的人生态度十分重要。

他很相信"君子坦荡荡，小人长戚戚"的古训，总要求自己遇事多些理解与大度。王文元说："在现实生活中，因为我的书生气，也常会碰到一些不愉快的事。"他深有感触地说："人生中多些宽容与豁达是身心健康的一大法宝。"不过，真正做起来并不容易，要有很高的修养。他说自己做得很不够。宽容与豁达不是搞庸人自扰，并非没有原则。王文元继承了中国知识分子的秉性，那就是正直和自尊。他反对蝇营狗苟，尤其重视自己的人格尊严，即便有时要为此付出代价也在所不惜。

古人云："居庙堂之高，则忧其民；处江湖之远，则忧其君。"襟怀广阔堪当重任，大有作为尤须躬行。纵观王文元所走过的道路，他似乎正是在用思与行诠释人生责任，体现着对那样一种人生精神境界的追求。

长空万里，风鹏正举
——记我校校友、中国科学院院士王恩哥

他放弃拥有的国外科研名利和舒适环境，甘愿回国在物理学的一个领域做拓荒者，带领团队创造出令国外同行瞩目的成就，从求学到留学，从出国到归国，一路上记录着一位新时代中国知识分子的才华奉献、理想作为和使命追求。他就是物理学家、中国科学院院士、辽大校友王恩哥。

（一）

王恩哥籍贯上海，1957年生于辽宁沈阳。1978年，沐浴着改革开放的春风，风华正茂的王恩哥走进了辽宁大学。崇山校区东侧，掩映在绿树丛中的小红楼里留下了他和同学们发奋读书、孜孜以求的身影。他1978～1985年在辽宁大学物理系读书，先后获得理学学士学位、理学硕士学位。其间，他曾担任班长。他的钻研精神给同窗和老

师们留下了极其深刻的印象。在辽宁大学学习工作的这段时光为他提供了良好的知识储备，在他的人生中留下了难忘的记忆。1990年，他获得了北京大学物理系博士学位。1991～1995年，他分别在法国Lille表面界面实验室（CNRS）和美国休斯敦大学宇航外延生长中心（SVEC）从事博士后及研究助理工作。

1995年8月，王恩哥——作为入选中科院"百人计划"海外留学的优秀青年人才，放弃了在美国的优越科研和生活条件回国发展，在美国华人中引起了轰动。他同时回绝了亚洲其他著名研究机构的邀请，很多人都对此不理解，但王恩哥的想法却很简单："国家培养了我这么多年，现在科技发展需要人，我有这个责任。""当时很多人觉得，只有二三流的人才会选择回国发展。我的想法是，如果把科研机构比作炉子，美国哈佛大学可能有几百摄氏度，而中科院物理所可能只有几十摄氏度。我的工作在哈佛也许算不了什么，但在物理所也许就能让炉子烧得更旺，增加更多温度。"在中科院物理所新的实验楼里，王恩哥将自己的房间号选为"711"。"711"是他每天的工作状态：早上7点开始工作，晚上11点钟才离开，节假日也从不例外。回国后，王恩哥一直从事表面物理的研究。中国科学院在2007年介绍王恩哥院士的工作时评价道：他在纳米新材料探索及其物性、原子尺度上的表面生长动力学以及受限条件下水的复杂形态等方面做出了有重要影响的工作：利用掺杂来调制纯纳米管的结构和物性，与学生首次制备出管状碳纳米锥、碳氮聚合纳米钟和硼碳氮单壁纳米管；与人合作发现并证实了表面原子运动的一些新规律，完善和发展了原子尺度的薄膜/纳米结构生长动力学；与学生在二氧化硅表面预言并发现了一种全新的二维镶嵌冰。

在为祖国科学事业不懈奋斗的同时，他获得了很多学术荣誉。1994年入选中科院"百人计划"，1995年获国家杰出青年科学基金，1996年获香港"求是"青年学者奖，1997年获中科院青年科学家奖，1998年获国家有突出贡献的中青年科学家称号，2000年获中科院"盈科"奖，2003年获世界华人物理学会"亚洲成就奖"，2004年获国家自然科学二等奖。他于 2005 年 12 月获得第三世界（TWAS）科学院物理奖。此奖项由已故巴基斯坦物理学家、诺贝尔物理学奖获得者阿布杜斯·萨拉姆教授倡议创建，致力于支持发展中国家开展科研活动，促进发展中国家科研人员和科研机构间的交流和合作，鼓励对第三世界存在的问题进行研究，推动第三世界基础科学和应用科学的发展。他于 2006 年 7 月获得德国洪堡研究奖（Humboldt Research Award）。该奖项设立于 1972 年，每年颁发一次，用于表彰全球不同学科领域内做出突出贡献的科学家，我国（大陆）曾有 4 位学者获得过此项奖励，王恩哥是本年度获奖者中唯一来自中国大陆的学者。

王恩哥为着心中的理想追求，锁定目标，乐此不疲。

（二）

因为出色的学术和组织能力，继 1997 年担任中科院表面物理国家重点实验室主任后，1999 年 5 月王恩哥出任中国科学院物理研究所所长。萨本栋、吴有训、严济慈……中国科学院物理研究所历任 8 位所长，无疑都是大师级的人物，使人不禁肃然起敬。在中国科学院物理研究所已经走过的 70 多年历程中，仅在此工作过的"两院"院士就有 56 位之多，说明了这个研究所的实力、地位和光荣传统。

"要创建一流的研究所，就必须有一流的人才队伍！"物理所领导班子在形成这一共识的基础上大胆探索。所长王恩哥深有感触地说："我们要发展，要壮大，就必须与时俱进。"

最让王恩哥开心的事是现在每年一到暑假，国外许多优秀的物理学家都会到北京来。在物理研究所学术报告会、研讨会的休息间隙可以看到，那些站在走廊里的"其貌不扬"的人们都是世界级当量的物理学家。他们认为，在中国的这个物理学研究机构里，拥有着良好的科研工作环境。

在物理研究所里，"中关村凝聚态物理论坛"与国际同行互动学术交流，请来多位诺贝尔奖获得者及世界顶尖级科学家；"凝聚态物理前沿系列讲座"每两周举办一次，增进了所内新老科学家在学术上的沟通和了解；"星期四工作午餐会"是个高层的小型学术沙龙，激发着杰出人才的创新思维，使浓郁的学术氛围浸润人们的周身……

物理研究所的创新研究群体获得了国际同行的高度评价，如表面物理国家重点实验室的国家自然基金委第一批"创新研究群体"项目——"纳米结构薄膜生长机理和原子尺度控制"，该项目负责人是王恩哥和薛其坤，他们带领一支年轻的创新研究群体，在全同金属纳米阵列的生长、表面纳米结构的形成和退化机理等方面都做出了令世人瞩目的贡献。"克隆团簇"、"纳米团簇的魔力"、"在硅表面上垦荒播种"、"迈向表面自组织生长的关键一步"，一些世界级的科学杂志用这样的生动字眼对此作了评述。

王恩哥在中国科学院物理研究所《优秀成果集萃》一书序言中写道："物理所人的追求是惟实、求是、协力、创新，只争世界一流。"我们有理由相信，在"面向国家战略需求"、"面向世界科学前沿"旗帜下，王恩哥和他的同事们一定能够取得更大的成就。

（三）

中共中央政治局 2003 年 4 月 28 日下午进行第四次集体学习，学习内容是当代科技发展趋势和我国的科技发展以及运用科学技术加强非典型肺炎防治等。王恩哥作为"世界科技发展的新趋势及其影响"专题报告的讲解专家，有机会以自己的专业知识和研究视角，向国家领导人介绍当前世界关注的几个科技热点问题，介绍包括信息技术、生物技术、能源技术和纳米技术等最具代表性的科技领域发展状况及趋势，介绍分析当代科技发展新规律和特点以及科技创新和进步对经济社会的影响等。他谈到，在竞争日益激烈的今天，自主科技创新能力成为国家综合竞争力的决定性因素，而基础研究的创新是一切创新的源泉。学习结束后，中共中央总书记、国家主席胡锦涛专门向王恩哥了解了所在研究所的科研工作情况以及科研工作者目前的状况，并请他转达自己对工作在科研岗位上的同志们的问候和海外华人学者的问候。

2007年年末，校友王恩哥当选中国科学院院士的喜讯在辽宁大学校园争相传递。学校向他发出贺信，人们为他取得的光荣而自豪。2008年年初，王恩哥院士担任中国科学院副秘书长。2009年11月，王恩哥受聘为北京大学研究生院院长和物理学院院长。2011年1月，他被任命为北京大学教务长。2011年5月，他被任命为北京大学副校长。

王恩哥肩负使命，甘于奉献。在繁忙的科学研究和组织领导工作之余，他积极为社会服务。2007年，他提出在落实《国家自然科学基金条例》时以身作则，发挥应有的桥梁作用。他积极参与大众科学普及活动，关心青少年学习成长。中国青少年新世纪《读书网》推出"专家推介"栏目，其中的学者都是国际国内某一领域的权威人士，他们的成长之路是青少年学习的生动教材。王恩哥赠送给青年朋友的一句话是："面对未来脚踏实地，面对困难永不低头。"

长空万里，风鹏正举。"面对未来脚踏实地，面对困难永不低头"使王恩哥走在物理科学领域的学术前沿，不断攀登高峰。让我们在他追求理想、肩负使命、刻苦钻研、勇攀高峰的成长历程中汲取精神营养和榜样力量，为国家科学和教育事业的发展贡献一份力量。

将宽带事业进行到底
——记我校校友、中国宽带产业基金董事长田溯宁

当人们尽情分享网络化给这个时代带来的所有美妙与超乎反响时，"田溯宁"应该是一个被人们记住的名字。从10多年前的亚信闪耀纳斯达克到网通的"中国网，宽天下"，再到创建中国宽带基金打造中国数字生态系统，田溯宁是中国互联网时代的传奇人物之一。

作为辽宁大学的优秀学子，在赏读田溯宁与中国互联网时代传奇故事的同时，我们自然会有一份特殊的感动和领悟。

（一）

2000年3月3日，田溯宁和他的团队打造的"亚信"成功上市，

成为在美国上市的第一家中国高科技企业。媒体评论说，这意味着"中国概念的技术公司"开始为国际资本市场认可。而这次改写中国互联网进程的创业历程则要追溯到 1994 年的大洋彼岸。

田溯宁祖籍山东潍坊，1963 年 7 月出生于北京，1981～1985 年在辽宁大学生物系读书，1985 年在中国科学院地理科学与资源研究所获资源管理学硕士学位，1987 年赴美留学，1992 年获得美国德州理工大学资源管理专业博士学位。"亚信"成立时，美国 Internet 主干网已经基本铺设完毕，而中国的 Internet 还是一片空白。田溯宁深深地感受到了祖国在这方面的差距，也敏锐地察觉到了 Internet 巨大的发展空间。1993 年，田溯宁和几名志同道合的中国留学生还有他们的"亚信"公司应运而生。当时，田溯宁提出的口号是："把 @ 带回家。"这一年田溯宁 30 岁。1995 年，"亚信"公司回国了，并在国内成立了新的公司——亚信科技。以两间简易办公室作为总部，"亚信"和田溯宁一起开始了在中国的互联网征程。此后 3 年，诞生不久、默默无闻的"亚信"一跃成为全球少数几个拥有 Internet 网络系统集成、大型网络应用软件开发与网络管理经验的高科技民族企业。在田溯宁的带领下，"亚信"先后设计并承建了 100 多个重大网络工程，其中包括中国 Internet 五大全国骨干网工程；开发了具有民族自主版权的互联网计费、漫游、网管、网络安全、大容量电子邮件系统等系列应用软件产品。在不到 4 年的时间里，"亚信"公司迅速成长为拥有员工 450人、年销售额 6 亿元人民币的国际化民族高科技企业。原电子部将其评为全国优秀系统集成企业。1997 年，"亚信"被美国 Fidelity 投资公司评选为世界上最具投资价值的 Internet 企业之一；1999 年，"亚信"被世界经济论坛评选为全球 500 家高速成长的企业之一；2000 年，"亚信"被《福布斯》评为全球最优 300 小企业之一。2001 年，"亚信"获得全球"管理最佳企业"称号。田溯宁在"亚信"的 5 年里积累了大量宝贵的管理经验，从对现代企业国际化完全不懂到把学到的国际化管理知识与中国本土化国情相结合，走出了一条全新的"亚信"发展模式。

田溯宁笑称，是创业的激情和想把网络介绍给更多人的冲动使他走上了商业的道路。或许这是人生选择的一个偶然，但在这个"偶然"的背后却是一个大大的必然，那就是他对科学精神的追求、对祖国和民族产业的一往情深。

（二）

1999 年 6 月，田溯宁离任"亚信"，就任刚刚成立的中国网络通信有限公司总裁兼首席执行官。当时，国务院赋予中国网通公司的使命是：体制创新与技术创新相结合，探索建立中国新一代通信公司的管理、发展与竞争模式，为国企改革、电信体制改革和知识创新的战略服务。他秉承这一使命，引进先进的职业经理人制度，建立科学的法人治理结构，采用国际上先进的管理模式，短短一年多时间，中国网通承担建设的"中国高速互联网示范工程"（CNCnet）一期工程就全线贯通并投入商业运营，"网通"的员工由最初的几个人迅速增长为 2000 多人。CNCnet 一期工程全长 8490 公里，网络传输总带宽达 40Gb/s，连接 17 个城市，覆盖了中国所有最发达的地区。在世界上第一次大规模采用密集波分复用（IP OVER DWDM）技术的商用光纤网络，使基础网络的带宽成百上千倍的提高而成本成十上百倍地降低。2001 年 8 月，"网通"被国家计委批准为"国家高技术产业化示范工程"。

2001 年年初，中国网通在国际资本市场顺利完成 3.2 亿美元私募，吸引了如新闻集团、高盛集团等知名投资人，资产总额由 2 亿元人民币迅速增加到约 25 亿美元，国有资产最短时间内得到了最大化增值。2002 年 11 月，田溯宁在世界电信市场低迷的情况下把握住时机，以 8000 万美元优越价格收购具有 21 亿美元资产、在 22 个亚洲国家拥有登陆站的亚洲环球海缆公司（AGC），一跃成为亚太地区运营商。此举是中国电信企业第一次走出去的尝试。凭借亚洲环球电讯（AGC）业务和资产，公司低成本、快速度地进入高增长的泛亚洲市场，实现了以中国内地为核心转变为泛亚洲区域发展的电信企业，标志着公司"走出去"战略迈出了坚实一步。2002年中国电信企业改革，田溯宁担任重组后的中国网络通信集团公司副总经理、党组成员。经过两年融合、改制，"网通"2004年11月成功在纽约、中国香港两地上市，共募集资金11.4亿美元。2005年1月，"网通"以10亿美元收购中国香港电讯盈科20%的股权。这是当时中国电信公司在中国香港电信领域内的最大一次投资。2005年6月，在田溯宁的努力下，全球第二大电信运营商Telefonica（西班牙电信）以2.4亿欧元持有中国网通2.99%的股份，后又先后增持到5%和10%，以此改善股本结构，"网通"国际化战略布局更加成熟。

田溯宁说："对社会、对民族、对国家的责任能激发企业和企业家用更长远的目光去决策，用更充足的劲头去争取。"田溯宁及其团队让更多中国人的宽带梦梦想成真，让更多的中国互联网产业走向世界。

（三）

有人这样形容田溯宁：拨开新经济催生的泡沫，如果你能发现一块钢铁的话，那上面一定写着"田溯宁制造"。他是一个能认识到价值本质的人。作为企业家，田溯宁那种深深的社会责任感和振兴民族的情结不是所有企业家都具有的。这也是他赢得尊敬的重要原因之一。

田溯宁1998年被世界经济论坛（The World Economic Forum）评为"明日全球领袖"（Global Leader for Tomorrow），被亚洲周刊（Asia Week）评为"中国十大因特网人物"之一，2001年被美国《商业周刊》评为年度"亚洲之星"，2001年初荣膺中国中央电视台"CCTV2000经济人物"称号，2003年7月荣获中国科协"2003年求是杰出青年成果转化奖"，2003年8月荣获教育部"全国留学回国人员优秀个人"奖，2004年6月入选首批新世纪百千万人才工程国家级人选。

2006年10月，田溯宁联合多家PE管理人，在广泛调研的基础上，联手向国务院和中央高层提出《关于建立民族自主的产业投资基金的建议》。2007 年 9 月，在田溯宁等人呼吁下，国内首家股权投资基金协会在天津诞生。中国宽带产业基金是中国第一家专注于电信、互联网、媒体与科技产业的股权投资基金。田溯宁被选举为首任会长。

如今，50 岁的田溯宁依然保持着锐气与激情，充满着理想主义情怀。他喜爱英国文学，喜欢网球和骑马。阔别母校 20 多年，他对那一段学习时光仍然记忆犹新。质朴的校园，灯光闪烁的实验室和可敬的师长……多年前，提到田溯宁人们会自然联想到亚信、网通，现如今，田溯宁三个字与云基地紧紧地连在了一起。不同身份的切换，让他对 ICT 领域有着全面的观察角度与独到见解，被称为"宽带先生"的田溯宁，开始新的长征，继续实践着自己的"宽带救国"理想。他说："商业需要理想主义和创造力。有时候，'理想'这个词给人的感觉很不好，因为'理想'在汉语的词汇里往往是跟空洞和悲剧相关联的。但是，在一个国家的商业化的过程中，积极的和持续向上的精神力量非常重要。在这个过程中，应该有一种所谓的楷模的力量：什么样的人在这个时代成功，被社会所尊敬，能够持续地完善自我，不断给予社会一种积极的价值观，不断传递出乐观向上的信息。我觉得这特别重要。尽管每个时代都会有自己与众不同的要素，但是理想和楷模始终被需要。"

文学之帆
——记我校校友、当代著名作家马原

辽大以文科见长，涌现了多位蜚声国内文坛的校友，其中代表人物之一就是马原。他 1953 年生于辽宁省锦州市，辽宁大学 78 级中文系毕业生，现任上海同济大学中文系主任，教授，当代著名作家。

20 世纪 80 年代后期出现的"先锋派小说"，对中国当代文学发展具有深远影响。马原正是公认的"先锋派小说"鼻祖，其著名的"叙述圈套"开创了中国小说界"以形式为内容"的风气，对中国当代文

学发展产生了重要影响。20 年来，他和他的作品《冈底斯的诱惑》被写进各种版本的当代文学史。时间进入 2012 年以来，马原新作《牛鬼蛇神》尚未面世，仅仅在杂志连载就吸引了文坛内外的焦点关注。马原的小说创作总能给中国文坛特别是当代小说带来观念的根本变化，因此总能引起高度的期待和热烈的评论，标志着他本人在中国当代文学史上所占有的重要地位。

（一）

　　"我觉得小说对我与对其他很多人的意义不一样，小说，可以说是我要用一生心血热恋的情人，是我一生的理想和始终不渝的愿望。马原就是小说，小说就是马原，马原就靠写小说生存。除了写小说，我几乎没别的事干，也几乎不会干别的事，我平时所读、所写、所谈，都是小说。"马原的话概括了他与文学紧密融合的生命状态。

　　马原小时候最喜欢看童话故事和民间故事，一度达到了痴迷的程度。每天放学后他都会泡在家附近的一个图书馆里，甚至把民间故事一栏的图书从头到尾都看遍了，尤其是有关少数民族的故事。

　　中学之后，马原又迷恋上了美国小说，海明威和他的《战地钟声》几乎影响了马原的一生。他崇拜海明威并不是因为海明威的硬汉形象。他认为，海明威是真实的有血有肉的男人，别人的误读并不能改变作者本身的真实。1971 年，中学毕业的马原在辽宁锦县农村插队，也从此开始了他的写作生涯。白天下地干活，夜里点油灯在文学世界里遨游，把见过的每一件事情都记录下来。他感觉写小说就像自己当了上帝一样，写出好的小说与当上帝无异，文学就此深深地诱惑了他。

　　1978 年，全国恢复高考，马原在读过中专、去过工厂之后开始读大学。他迈进了知识的殿堂——辽宁大学。正是文学的独特魅力，使他在工作两年之后，拎着 200 万字的小说手稿，开始了对梦想的更远大追求。

　　"大学时，我们这堆人特别爱去北陵玩，边玩边说文学。男女同学在一起，没有苟且之事，没有躲在一边接吻的。特别奇怪，那个年龄是男孩多情女孩怀春的大好时光，可是我们班竟然没有出现真正意义在恋爱的人。"马原对大学的美好时光记忆深刻，在辽大中文系读书的日子里，他与同学们谈论的只有文学。每天除了上课之外，他都泡在图书馆不停地看书，与同学们搞沙龙、办团体，那种对文学的热爱是纯粹的，和名利没有一点关系。大学里那么多痴迷文学的人簇拥在一起，热切地相互拥围着，各有所想，各抒己见，话语缤纷，大家分享文学是一件乐事。那是辽宁大学的传统，那是大学的文化和精神。马原认为，那就是"笃行"的最好诠释。

1981年，马原收到创作生命中第一张小说拟用发表通知单。当时的他已经实实在在、默默无闻地坚持写作了11年。其后，马原的生活积累与创作功力互动提升，开始震惊文坛。1984年发表的《拉萨河的女神》是中国国内当代第一部将叙事置于重要地位的小说，被文学界一致认定为"先锋派小说"的开山之作。马原为自己，更是为中国当代文学开辟了一条新的创作之路。

（二）

有人说西藏使马原脱胎换骨，他用笔去观察和描述西藏，并且获得了文学的成功。

面临毕业选择，当年天之骄子的大学生往往充满追求理想主义的色彩。与同学们谋划的未来事业发展蓝图有所不同，马原向学校提出了去西藏的申请。"可能是某一天什么力量托梦给我，告诉我要去西藏。我发现有点执迷不悟。我是家里唯一的儿子，克服了很多阻力。"正如马原所说，古老神秘的拉萨河像梦一样蜿蜒流淌在马原的血液里，日夜呼唤着这位文学青年。在马原一次又一次的申请之下，校领导终于被他的执著打动了。

马原进藏后，在西藏广播电台当记者。业余时间里，他走遍了那块神奇的土地。站在那些面佛诵经的人群当中，马原被深深震撼了，"他们活得那么充实，高思阔步，心中充满热情。那种人人都热情饱满、气宇轩昂的情形，我几乎不曾在过去所熟悉的人群当中看到。"后来，马原到西藏群众艺术馆工作，这使他可以有更多的时间去读书和写作，把全部精力投入到自己喜欢的事情上。后来有位朋友戏称，马原家是西藏的"第二个文联"。当时，他每天在家里读书、写作，而西藏的文学家、艺术家们常常聚会马原家谈文论道，文学艺术的氛围始终伴随和持续着马原的文学主题和生活状态。离开西藏之前，马原的生活完全是文学的环境，只有文学，没有别的内容。对他来说，没有什么比文学更重要的事。

西藏给予的创作灵感喷涌而发，马原的小说一篇一篇地发表，以中短篇居多。到拉萨一年时间，他写出了最初的4部小说，包括震动中外文坛的《冈底斯的诱惑》，连同之后的《拉萨河女神》、《西海无帆船》、《虚构》等。作为中国当代文学叙事实践的先行者，马原最先意识到当时国内的小说叙事存在的缺陷，继而开始了他天才的探索。《冈底斯的诱惑》1985年最初刊于《上海文学》，以几个外来年轻探求者进藏见闻的形式，描写冈底斯高原神秘的风土人情，借助独具一格的艺术手法，微妙地传达了西藏的神话世界和藏民的原始生存状态对现代文明的"诱惑"和这种诱惑的内在含义。叙述方式打破了读者阅读时的惯性与期待，希望读者能够更加清醒、理性地加以判断，是当代小说叙事革命的一次有益尝试。马原在传统的小说叙事技巧上的大胆实验，开拓了中国小说"先锋派"的先河。他笔下那些充满奇幻色彩的西藏故事，也开创了中国文学史上的"西藏小说时代"。

西藏是神秘的，是多彩的，高高的海拔，有时也是令人望而却步的，只是主人公刻意避开了艰苦和困难的生活话题。马原把生命中最灿烂的7年都留在了雪域高原西藏，也留下了中国文学史上标志性的"马原小说"。

（三）

近两年来，马原再次成为文坛关注的焦点。长篇小说《上下都很平坦》，与王朔的《动物凶猛》、余华的《在细雨中呼喊》并称先锋文学青春叙事三部杰作再度出版。新作《牛鬼蛇神》又一次成为文坛目光焦点。在回答《牛鬼蛇神》中人物的人生口号——不留遗憾时，马原说："我的当然也是。谁的一辈子也不可能一帆风顺，就是所说的人生不如意之事十之八九。可以认定，不如意是人生的常态。而绝大多数人对这种常态心存畏惧，所以人们在交流的过程中，说得最多的是顺利、顺风、一帆风顺。但是细想一下，真正顺风顺水的人生其实是最最无趣的人生。想什么有什么，心想事成，这会让你欲望尽失，对以后的日子连期待和向往都没有。从我的个人经验出发，我发现人在临终之前面临的最大困境是遗憾，所以我提出不留遗憾，把所有的期待、所有的想象和愿望都在有生之年去尝试。我相信，无论结果如何，你都会得到一份真正意义上的满足，因为你消灭了遗憾。"他还说："写作是一件苦差事，是一场超级马拉松大赛，完成之后身心俱疲，所以我在那以后就去找山、爬山，同时策划山居，策划盖房子、造园，所以现在显得比两年前都累，但似乎身体状况比之前更好。"

马原的创作之路起步于文学繁荣的 20 世纪七八十年代。那是一个文学的年代，文学属于很多人。同时，那也是一个充实而让他感激的年代。1990 年，他的小说创作达到巅峰，对于那个时代的认识也越发深刻。如何把这些作家、这段新时期文学断代史用影像方式记录下来？正像他的先锋派小说一样，马原再一次走在了同行的前面。"那时候，充满激情，也没考虑清楚拍完节目在哪儿播出，只想着把这个事情做出来，做时代记录者。"马原草拟了 100 多人的采访名单，主要是 20 世纪 80 年代活跃于文坛的作家。他采访了巴金、冰心、夏衍等文化名人、前辈以及汪曾祺、王蒙、陆文夫、高晓声等 1979 年之前的知名作家，纪录片的总题目叫《中国作家梦——许多种声音》。摄制组南下北上，采访了 124 位作家、翻译家、出版家和编辑学者，走访了三联书店、人民文学出版社等众多知名出版社、杂志社。摄制组省吃俭用，竭尽全力。尽管 1993 年几十万元资金耗尽了，其他人渐渐失去信心和勇气，马原仍然执著地为了中国文学的继往开来，不求回报，默默地奉献与坚持着。

马原不仅在小说创作上颇有成就，在其他艺术领域也同样展示出了才华。1991 年，他将昆德拉的小说《为了告别的聚会》改编成话剧《爱的季节》（又名《爱的拒绝》），据说演出反映不错。他把自己的小说《拉萨的小男人》改编成电视剧，为此大赚了一笔。马原的书架上塞满了各式各样的影碟。马原喜欢好莱坞大片，"美国大片将电影的大众化与小众化这两个看起来冲突的问题解决得很好。相比之下，有些欧洲电影小众化倾向太强，显得很乏味"。"我这个导演是业余的，摄影、美术也是业余的。业余也没什么不好，职业电影人拍出来的无非更职业一点，不见得就是好作品。我们也许是业余的，但也许会不同凡响。"

2000 年夏天，马原到同济大学正式做了一名教师。在大学读书时，中文系老师才学渊博、潇洒优雅的印象深深地烙在他的心里。做老师也是马原一直以来的梦想，他期望将自己对文学、对生活、对生命的体会和经验传授给学生，特别希望把在读书中参透的人生感悟、人生体验，通过聚徒授课加以能量释放，去影响当代的青年朋友。

马原以文学为帆，生命即文学，文学即生活，涛声桨影，帆动舟行，始终辉映在中国文坛的灿烂天空。

前景展望

■文/韩春虎

　　回顾历史荣光，感受今日辉煌，辽大人不会忽略前景展望。回首新世纪以来 10 余年发展历程，辽大依托自身厚重的历史积淀，注重设计生成、理性提升发展愿景。2011 年 1 月，《辽宁大学"十二五"发展规划与 2020 年目标纲要》经教代会审议出台。同年年末，第十一次党代会报告进一步提出"实力、特色、祥和、高水平大学"的定位，并制定"1234"发展战略。如今，从你踏入校门之日起到你奔赴工作岗位之时止，正是辽大"十二五"奋斗的黄金时段。辽大的前景伴你成长。

指导思想

　　高举中国特色社会主义伟大旗帜，以邓小平理论和"三个代表"

重要思想为指导，深入贯彻科学发展观，认真落实国家和辽宁省教育发展规划纲要，以素质教育为主题，以学科建设为主线，以人才强校为重点，以改革创新为动力，强力推进"211工程"建设，加速提升科学研究水平，不断加强国际合作与交流，使学校内涵发展取得重大成效，办学实力显著提升，为实现具有辽宁大学特色的高水平大学战略目标奠定坚实基础。

发 展 目 标

"九五"初期，辽宁大学提出"建设国内先进并有一定国际影响的省属综合性大学"的发展定位。"十五"之时，伴随"211工程"建设的扎实推进，学校确立10年内"建成较高水平较大国际影响教学研究型大学"的目标，为"十一五"加速发展定下基调。进入"十一五"，学校提出"建设具有重要影响的高水平教学研究型大学"的目标导向。

进入发展新阶段之时，国家出台《教育发展规划纲要》，提出到2020年"建成一批国际知名、有特色、高水平的高等学校，若干所大学达到或接近世界一流大学水平"的战略目标，同时要求学校"培养一批拔尖创新人才，形成一批世界一流学科，产生一批国际领先的原创性成果"。建成高水平大学，需要形成一流办学条件，产出若干一流学科，引育一批一流学者，这已经成为全国"211工程"院校的基本定位。辽宁大学所定位的高水平，要在履行大学职能中紧紧抓住素质教育这个核心环节，提升人才培养质量；要突出把握学科建设这条主线，以学科的优势特色增强实力；要科学组织实施整体推进的发展战略，实现在"211工程"院校方阵中位次前移；要继续推进教育国际化进程，提升学校的国际知名度与影响力。

据此，辽宁大学的发展目标是：到2015年，把辽宁大学建设成为人才培养质量上乘、学科建设特色鲜明，整体办学实力国内先进、具有重要国际影响的高水平大学。

之后，再经过5年的努力，把辽宁大学建设成为办学特色更加鲜明、学科建设水平全面提升、某些学科达到或接近世界一流水准、国际知名的高水平大学。

具体目标

今后 5 年的具体目标：（1）全日制学生结构更加优化，创新型人才培养模式基本形成，教育教学质量显著提高，学生就业率保持在较高水平；（2）科学研究跃至新高度，为国家和地方社会进步、经济发展、文化繁荣服务的实力明显增强，贡献度大幅攀升；（3）经济、管理等优势学科的国内外影响力日益扩大，人文学科的比较优势不断增强，理工学科的发展后劲愈加凸显；（4）领军人才和学术带头人明显增加，不同层次梯队建设成效显著，师资队伍总体实力大为增强；（5）国际合作与交流迈上新台阶，与国外一批著名大学和高水平研究机构建立联合培养学生和共同从事科学研究的合作伙伴关系；（6）"明德精学，笃行致强"的校训精神更加深入人心，昂扬向上、崇尚科学、弘扬民主、追求卓越、淡泊名利的学习学术氛围更加浓郁；（7）支撑发展的财力不断增强，教职工得到更多的实惠。

实力、特色、祥和辽大的内涵

实力辽大是建设高水平大学的基础。大学实力一般是指拥有内在与外在资源的状况及其所表现出来的能量。它既是学校办学的具体指标、数据等显性因素的综合，又是学校品格、声誉等隐性因素的集聚。未来我校的发展实力集中体现在人才培养结构全面优化，教育教学质量显著提高，创新型人才培养模式基本形成，就业率保持较高水平；科学研究加快从数量增长向质量提升的转变，理论导向和问题导向同步发展，高规格立项、高水平成果产出、高层次获奖等实现新突破，服务社会能力大为增强，社会贡献度大幅攀升；领军人物和学术带头人队伍建设水平全面提高，不同层级的梯队实力显著增强，人才强校战略卓有成效；国际化办学进入新层次，与国外高水平大学和高级研究机构建立起稳固联系，国际影响力显著提升；文化传承创新取得新成绩，社会主义核心价值体系建设入脑入心，文化育人功能不断拓展，文化自觉全面提升；大学内部治理结构更加科学，《辽宁大学章程》启动实施，依法办学、自主管理、民主监督、社会参与的体制机制日臻完善；校区功能不断强化，蒲河校区建设全面完成，突出现代风格，崇山校区升级改造，突出厚重品貌，图书文献、校园网、实验室、高性能计算集群、体育教学训练平台等公共服务体系建设满足现代需求；优质办学的财力支撑更为坚实，改善民生的力度不断加大，教职工得到更多实惠。

特色辽大是建设高水平大学的展现。大学特色通常是指一所大学由于办学历史、学科优势、区位特点和资源条件的不同而有别于其他大学的显著性标志。以特色求发展、以特色构筑核心实力已成为大学确定办学定位的必然要求。随着社会发展水平的提高和科技进步的加快，大学在国家创新体系中地位的升华使大学特色越来越聚焦于学科总体建设水平的提升，学科特色越来越成为社会对大学评价的核心指标和大学自身优势的集中展示。我校经过历史积淀与创新发展，已经成为学科门类比较齐全的综合性大学，以经管学科传统优势明显、人文学科现实优势见长、理工学科后发优势强劲为基本架构的整体学科体系不断走强。今后我们将致力于将优势学科做精做强，将基础学科全面推进，使新兴交叉学科亮点频现。经济、管理学科产出一批更高显示度的原创性成果，服务辽宁全面振兴的能力再度提升，在全国高校中具有比较优势，在全国学科排名中的位次稳步前移；基础学科强化以人文学科见长的特征，进一步夯实在我省高校中的不可替代性，且在全国地方高校中具有一定的竞争优势，某些学科在全国高校范围内形成独具特色的比较优势；新兴交叉学科培育与成长的重点是理工学科，要凭借我校综合性大学的优势，推动文理工融合，加强与企业的合作，对接国家战略性新兴产业需要和服务经济发展方式转变，在生物、环境、信息等领域产生重要影响。我们要用 5 年左右的时间使所有学科都有长足的发展，在研究方向、队伍建设、成果产出三个方面缜密论证，强力建设，培育出若干具有国内外影响力和话语权的学科，使特色辽大的彰显度得以不断强化。

祥和辽大是建设高水平大学的依托。大学应该是一个和睦的家园，是一座知识与科学的大厦，因为大学具有祥和之气的理念、氛围和夙求。新形势下建设高水平大学，没有实力无法立足，没有特色难以夺人，而没有祥和作为依托就没有实力和特色赖以生成的根基。祥和首先体现为一种理念，既倡导并践行学术自由，又在教育实践中把握主旋律；既善于进行独立思维，又在关键时刻万众一心攻坚克难；既在日常工作中思考自身的合理利益，又注重追求学术卓越，将个人成长融入高水平大学建设的热潮中，不计个人得失，践行校兴我荣精神。祥和又体现为一种氛围，需要我们在建设高水平大学的实践中形成良好的人际关系，同事之间和睦相处、宽厚包容，师生之间相互尊重、充满爱心，并以每个人的行为和才智改善自身和他人共有的环境，在个人成长与学校事业发展中充满温馨。祥和还体现为一种夙求，学校党委带领师生员工致力于内涵发展、改革创新，目的在于履行好大学的"四大功能"，在人才培养、科学研究、服务社会和文化传承创新中推动事业再上新台阶。发展目标的全面实现将使发展成果得到充分共享，政通人和的局面得以充分形成，祥和辽大的需求在更高层次上得到根本体现。

"1234"发展战略

突出"一条主线"。在实施"211工程"的历史进程中，学科建设的重要地位不断被强化已经成为学校"十二五"战略发展的一条主线。我们要集中力量，采取有效措施，高标准完成学科建设重任。

顺利通过"211工程"三期立项重点学科项目验收。在完成好基础设施、公共服务体系、创新人才培养等任务的基础上，集中人力、物力和财力，紧紧围绕"211工程"重点学科展开收尾前的奋力冲刺，每个学科都要产出标志性成果，都要完成或超额完成立项规定的各项指标。同时，在"211工程"建设中自主设置的11个校内重点学科也要抓紧建设，对照指标要求产出标志性成果。要如同国家验收"211

工程"建设项目一样，组织专家对 11 个学科逐项检查、评估和验收，确保圆满收官。国家教育发展规划已经明确指出，国家将继续实施"211 工程"建设，强化学科发展特色。我校在抓紧验收前收尾工作的过程中还将着手启动下一轮"211 工程"建设的学科规划工作。

实现国家重点学科重大突破。明年（2013 年）国家将启动新一轮重点学科评审工作，我校要竭力实现国家重点一级学科零的突破，竭力达到国家重点二级学科倍增。从现在起就要加速推进，认真组织，拼搏工作。今后 5 年中，我们还将迎来博士点评审的良好机遇。对此，在"十二五"规划中已确定的目标要求要实打实地落地生根，提早启动"争博"工作，每个"争博"学科都要有翔实的规划和完成任务的可行措施，倾力完成今后 5 年再生成 4 个左右一级学科博士点的任务。

启动校内外合作协同创新平台建设。为深入落实胡锦涛总书记清华大学百年校庆重要讲话精神，教育部将出台《高等学校创新能力提升计划》（简称"2011 计划"）。"2011 计划"与"985 工程"和"211 工程"不同，一是突破学校身份限制，具备条件即可参与竞争；二是依托优势学科，学校与外部组织机构协同创新，并直接面向应用研究主战场。作为辽宁省属唯一的"211 工程"大学，作为学科门类比较齐全的地方综合性大学，我校具备影响力优势和学科优势，需要各个学科深入论证，优势互补，形成合力，选准方向，及早启动，争取在国家实施的"2011 计划"中占有一席之地。

围绕学科建设总体任务，要精心构建学术梯队，做到学科方向明确、带头人明确、梯队人员构成明确和建设指标明确。要完善学科评价体系，按照梯次递进原则确定学科建设方略，进行重点学科遴选。要对学科建设加大资金投入力度。

夯实"两大支撑"。第一，实施人才强校战略。建设高水平大学关键靠人才，靠两支队伍建设，特别是师资队伍建设。要凝心聚智，进一步提升团队能力，坚持实施以"四项梯队建设计划"为主的学术梯队建设工程和以"创新团队建设计划"为主的创新团队建设工程，重新遴选学术带头人第一、第二梯队，大力提高教师专业水平和科研能力，师资队伍不同层级梯队建设得到强力推进，专任教师博士率达到45％以上；要更加突出领军人物引领作用，实施高端人才引育工程，各学院和机关相关职能部门务必将此项工作深入推进，切实做到外部物色和内部培养都有明确计划。在此基础上，加大人力资本投入，考虑不同学科人才引进的需求，营造良好氛围，提供一流服务。经过努力，5年内力求在院士引进、"长江学者"和"国家杰青"引育方面取得突破性进展；要继续高度重视青年英才的培养，实施中青年教师成长工程和中青年管理骨干培训工程，着眼于青年人才全面素质的提高，竭力为他们排忧解难，使其心无旁骛地投入工作，创新活力和发展潜力得到充分发挥；要进一步加强实验教学队伍建设，充实力量，提高水平；要科学构建教职工绩效考核体系，完善激励与约束机制，促进教师和管理干部两支队伍健康发展；要大力加强师德师风建设，使教师切实肩负起学生健康成长指导者和领路人的重任。

第二，校区功能提升战略。面向未来，辽宁大学将拥有古典与现代交相辉映的崇山和蒲河两个优质校区。蒲河校区建设接近十载，基本收尾，各项功能业已达到建设高水平大学的水准。崇山校区也经历了多年的改造，面貌发生了很大变化。但是，根据打造实力、特色、祥和高水平大学的新要求，无论整体承载能力还是结构性服务功能都显不足，制约学校事业可持续发展，尤其是制约理工科向高水平目标攀升的矛盾已经出现。崇山校区需要制定和实施新一轮的改造提升计划，使之成为高水平大学发展的重要依托。崇山校区的改造不是一下子全面铺开，多点开花，而是先要启动改造提升计划的编制，既保护好标志性建筑，又满足未来对总量、结构、布局等方面的需求，科学绘制总体蓝图，制定详细规划，再根据资金状况做出有序安排。学校将在努力争取政府专项资金、社会赞助和不影响学校财力正常运转的有效融资的基础上，在深入细致论证和确保教职工得到更多实惠的前提下，分阶段展开崇山校区的校园改造和功能提升。

强化"三项保障"。

第一，突破建设高水平大学体制机制障碍，加强制度保障。要不断完善大学内部治理结构，根据我省高校大学章程试点工作的要求，集中力量科学制定《辽宁大学章程》，进一步明确办学宗旨、办学规模、学科门类设置、教育形式、内部管理体制、经费来源及资产和财务管理制度、举办者与学校之间权利义务等核心内容，形成遵章管理学校的基本制度。优化校院两级学术组织架构，履行好学术委员会章程，发挥学术委员会在学科建设、学术评价、学术发展中的重要作用。时机成熟时建立教授委员会，进一步发挥教授在教学、学术研究和学院管理中的应有作用。

第二，推进信息技术的广泛运用，加强公共服务体系保障。现代信息技术对高等教育发展具有革命性影响，要加快学校教育信息化进程，促进教育内容、手段和方法现代化，建成开放课程、公开课程等课程资源共享平台，建成下一代互联网及移动互联网、虚拟化数据平台和其他信息资源平台等，形成支持高水平大学高效运行的有效路径，全面实现数字化校园的发展目标。同时，图书文献数字资源建设、数字化实验室建设、体育教学训练平台建设等都要稳步推进。要高度重视通过信息化途径广泛宣传我校改革发展的业绩，构建出大宣传格局，进一步提升学校的对外影响力。

第三，扩大资金总量，增强运作能力，加强财力保障。随着国家和我省对高等教育财政经费投入的稳定增长，学校的财务状况开始明显好转，今后5年的财务形势有望更为乐观。在建设实力、特色、祥和高水平大学的新要求下，必须充分发掘学校优质教育资源潜力，加强国有资产管理，积极争取财政发展性专项拨款项目，特别是"211工程"接续的投入和"2011计划"的争进，国内外社会组织、知名人士的资金投入以及学校教育基金会的良好运作，确保未来资金投入呈现较快增长态势。资金支出的重点是内涵建设，包括向人力资本投入的倾斜，稳定地并较为明显地提高教职工的收入水平和福利待遇，为教职工学习、生活、工作创造安居乐业的环境，营造出人尽其才、物尽其用的祥和氛围。进一步改善财务管理，增强服务功能，增加经费使用透明度，建立健全自我约束与外部监督有机结合的资金监管体系，提高资金使用效益。

提升"四大功能"。胡锦涛总书记在清华大学百年校庆重要讲话中提出，"不断提高质量，是高等教育的生命线"，"要把提高质量作为教育改革发展最核心最紧迫的任务"。质量问题关乎高等教育的生死存亡，提高质量的根本途径就是内涵发展、改革创新，而内涵发展、改革创新的主要内容就是大力提升大学的"四大功能"。

第一，全面提升人才培养质量。要牢牢把人才培养功能放在首要位置，明确人才培养是大学功能的核心。要切实将学校"十二五"发展规划中提出的确保教学工作中心地位的一系列措施落到实处，严格督促检查，在全校范围内真正形成领导重视教学、教师热爱教学、科研促进教学、经费保障教学、管理服务教学的有效机制；要优化调整人才培养规格与结构，结合教育部新修订的普通高等学校本科专业目录及设置管理规定调整专业设置，对招生吸引力差和就业率偏低的专业，应理性地少招生、隔年招生乃至暂停招生，积极稳妥增设新专业，稳步扩大研究生招生规模，提高学历留学生比例和培养层次；要下大气力创新人才培养模式，本科生教育坚持以素质教育为核心的学习能力、实践能力和创新能力培养，研究生教育坚持学术学位与专业学位并重发展，并进一步提高博士生的科研能力；要深化教学改革创新，继续加强课程教学平台建设，加强精品课程和精品教材建设，增加实践教学比重，加大实习力度，加快完成向大学科门类招生和培养的过渡，鼓励开展启发式、探究式、讨论式、参与式教学，促进科研成果转化为教学内容，让学生早进课题、早进实验室、早进团队，倡导小班教学、小班讨论，完善教学各环节规范标准，严格教学全过程管理，健全教学质量监督保障机制；要加强人才国际化培养力度，为学生提供更多赴国外大学交流学习的机会；要高度关注大学生就业创业，各学院一把手都要亲自抓就业工作，加强创新创业教育与就业指导服务，建立健全高校毕业生就业信息服务平台，加强困难群体毕业生就业援助与帮扶，确保就业率持续增长和毕业生质量不断提升。

第二，增强科学研究能力。高度重视重大科研项目立项工作，保持连续获得教育部重大攻关项目和国家社科基金重大项目的良好发展态势，力争每年获得国家社科基金和国家自然科学基金项目 25 项以上，理工科努力实现国家级重点课题和研究专项的重要突破。实现高水平科研成果获得省部级以上的奖励数量和级别有明显提高，在国家级奖励中有新的增长点。探索与国外高水平研究机构开展实质性合作，产出一定数量的具有国际影响力的科研成果，提升国际学术话语权。围绕激发活力、提高质量，继续深化科研体制改革，努力构建科学规范、开放合作、运行高效的现代科研管理体制。推动科研组织创新，培育跨学科、院系、学校、地区、部门的开放式科研新模式，整合优质资源，探索组建协同创新科研平台。加大科研创新团队的培养和引进力度，建立大项目管理体制和办法。制定出针对不同学科特点的科研评价体系，实行科研项目的跟踪检查和全过程管理，建立行之有效的科研激励与约束机制，产出高水平科研成果。加强出版与学术期刊建设，为教学科研提供良好的学术平台。

第三，多方位服务经济社会发展。围绕国家加快经济发展方式转变和产业升级转型，经管学科和人文学科要瞄准经济社会文化发展的重大理论和现实问题，发挥多学科融合、多团队协作和多项目聚集的优势，产出重大原创性成果，形成高质量研究报告，为辽宁老工业基地全面振兴服务；理工科要积极主动开展校际、国际合作与研究，争取重大科研项目，争取横向课题和经费，实现持续倍增目标。增强承担重大科研任务、培育重大科研成果的能力，加快科技成果生成与转化，在为国家、地方经济发展服务中扩大影响力；找准定位，多措并举，做大做强继续教育、成人教育和人文科技教育。

第四，切实推进文化传承创新。作为一所以文科见长的综合性大学，我们理应在文化传承创新中发挥引领作用。要夯实社会主义核心价值观基础，把社会主义核心价值体系融入到人才培养和党的建设全过程，加强校风、教风、学风建设，弘扬"明德精学，笃行致强"校训精神，发挥好文化育人作用；突出文、史、哲等学科优势，加强优秀传统文化研究，在文化建设与创新上贡献才智，产出社会主义先进文化建设的标志性成果，以校内成果辐射社会、服务社会；加强公益性文化推广，开展文化艺术惠民工程，依托学校艺术学科专业资源，探索与校外行业企业合作，推动文化产业、文化科技传播业发展；加强孔子学院建设和国际文化交流与合作，弘扬中华民族优良传统文化，吸收世界优秀文明成果，为发展社会主义先进文化贡献力量。

第二部分
心　语

教授心声：

——书香盈手，执教润心

■ 文/周　菲

　　"鸡蛋，从外打破是食物，从内打破是生命。人生亦是，从外打破是压力，从内打破是成长。如果你等待别人从外打破你，那么你注定成为别人的食物；如果能让自己从内打破，那么你会发现自己的成长相当于一种重生。"

　　从1982年至2012年的30年间，我一直行走在伟大与平凡之间。说伟大，是因为我从事着"太阳底下最光辉的职业"，并引以为豪；说平凡，是因为教师经常被人们比作一支蜡烛，燃烧了自己，照亮了别人。现在的我，虽然只是一个小蜡头了，但却自认亮度不减。30 年来，我在教书育人的跑道上努力地"奔跑"着，用热爱、用责任、用使命、用激情、用自己生命的全部，因而从未倦怠。我不知道终点在哪里，但知道那一定是生命的尽头。

对教师职业的热爱，源于我的小学班主任——辽宁省实验小学王铭老师给予我的那些永生难忘的记忆。老师的博学、老师的严厉、老师的优雅、老师的善诱，使我总是在梦中出现自己戴着黑框眼镜、腋窝下夹着一本书、手持教鞭的意象，不想，这意象竟成为我一生的追求。在北京师范大学读书期间，苏霍姆林斯基《给教师的建议》一书，使当时作为师范生的我，更加羡慕、敬仰教师这一职业的厚重与尊严。人所不知，我在成为教师以后的 30 年间，都始终坚持着一个习惯，一周 7 天，不同着装，为的是每天给自己不同的心情，每天向学生呈现新鲜的我。其实，这也是自己的内心对教师这一职业的诠释。

1990 年，我开始担任辽宁大学哲学系 90 级的班主任。这是当时在全校很闻名的班级，作为班主任的我也因他们而出了名。还记得上任那天，我穿着自己精心裁制的白色无袖小衫，粉色的、加了飞边的飘逸长裙，黑色的高跟鞋，这种清新的打扮赢得了操场上正在参加新生军训的他们发出了一片"哇"的声音！依稀可听到"这个老师结婚了吗？"接着便是一片嬉笑。他们很幼稚！足球场上，他们横冲直撞，根本无视赛场规则，终于夺得了哲学系历史上难得的足球比赛冠军。他们并没有因为给法律系球员下绊、踢人而感到任何自责，全体为此欢呼雀跃着。他们很强势！他们集体骑自行车去棋盘山郊游，一路说笑打骂，一个男生在下坡时直接冲进了当时停靠在路边的面包车的挡风玻璃窗里。当看到那张被玻璃划得乱糟糟的脸时，我被吓得目瞪口呆，那是任仲夷（时任广东省委书记）的孙子呀！他们很淘气！那时的我真的不知道，这些调皮捣蛋、憨痴无拘、年轻蓬勃的生命，带给了我一生的成就感与幸福体验。

毕业时，他们送给我一句临别赠言："学者风范，慈母情怀。"这

8个字，我反复体味了近20年。对于我来说，还有什么能比这8个字更能使一个为师者动情的呢？它成为我这一生读书执教的动力。今天，我很想把这30年来的一些感悟讲给加入这个新家庭的孩子们听。

"行知"与"知行"

"行是知之始；知是行之成"，这是中国教育家陶行知先生著名的"知行说"。在我的大学时代，这一学说就得到宣讲。但一路走来，我才慢慢地理解了对于一个人的发展来说，"行知"与"知行"的深刻意义。

人的问题往往源自人的思想。有思想的人往往是有学问的人，有学问的人往往是善知的人，善知的人往往是在"行"的过程中善问的人或渴望清除障碍的人。因此，"行"是"知"的源头。

我的学生小谢毕业后也成为大学老师。有一天他突然返校，对我说："老师，学校安排我讲哲学原理课，当我走上讲台时，却发现自己的脑袋里是空的，才认识到自己荒废了4年的时间。"就是这个小谢，从上大学第一天开始就疯狂般地玩，每天踢足球、玩篮球、学乒乓，"打棒"，扎扎实实又轰轰烈烈地玩了4年。玩，带给他的快乐，当时真的让人好羡慕。4年后，社会给了他"行"的机会，但是他却因为没有行的本领而自认无法胜任，他深刻地反省着大学4年的荒芜。人始终是社会的人，离开环境无法生存，因此就必须适应环境。在环境中，你想"行"得好就必须"知"得多。小谢的改变仅源于此。他开始了攻读硕士研究生的历程。终于，经过持续不断地学习，他成为了优秀教师，评上了副教授。

对于大学生来说，"行知"与"知行"是一个体验的过程。在这个过程中，你比别人多一点努力，多学些知识，日后你就比别人多一点"行"的能力，多一点"行"的自信。

人格养成与修身立德

我一直担任心理学的教学，同时也在从事心理咨询工作。毕业的学生中有多少人在我这里进行过心理求助，我已记不得了，但他们中的大多数都以健康的心态走向了社会。

作为老师，我一直目睹着学生们成长成才的过程。我看到的事实是：能够成就事业、使自己进入优雅生存状态的，并不是那些看来聪颖、考试成绩总是名列前茅的学生，而是那些在人格养成上有过艰辛历程、注重修身立德从而形成优秀人格品质的学生。

人是有意识的，因而人类的发展有终极目标。学者们将人的终极目标分成了不同的类型，有的是社会倡导的，有的是思想家主张的，有的是大众奉行的。我认为，其实所有人的终极目标都是一致的，即追求幸福与快乐。但能否实现这一终极目标，每个人的体验与经历会有很大的不同。这与个体的人格特质有关，也与人格养成的方式及修身立德有关。

小王的发展经历令我感慨并终生难忘。他是一个农民的儿子，个子不高，具有农村孩子共有的特质，黝黑的脸上挂着纯朴、和善与羞怯。同时，他自卑的表现令你清晰可见。新生报到，我注意到他的衣着与言行举止，发现他在说话时不敢看老师的眼睛。当时我想，这是一个在女老师面前很"Shy"的男孩儿。但时间长了，我观察到了他的内心。大学生的自卑会源于多种原因，有的是因为失败的经验，有的是因为家庭的贫困，有的是因为自己的长相，有的是因为自己童年的创伤性经历。阿德勒在《自卑与超越》一书中提到一种人，他们自卑，但是他们能够以优秀的成长业绩来超越自我、超越自卑。对这名学生的成长，我高度关注着。查自习课，我总是看到他坐在教室的第一排，每天第一个来，最后一个走。寒来暑往，七年如一日地展示了他人格品质中的坚忍不拔。他内向却乐群，积极参加班级的各项活动；他囊中羞涩却经常为了帮助别人而倾其所有；他从不惹是生非却勇于担当；他不三叩九拜却讲义气懂感恩。在同学中，他人缘好，威信高。硕士毕业时，他本来有机会去省委宣传部工作，但他却断了自己的后路，立志攻读博士学位。终于，他以优异的成绩考取了北京大学。博士毕业后，他在北京成家立业，购房、娶妻、生子，将自己的父母接到北京去安度晚年。现在，他挂冠知名期刊的副主编，凭着优秀的人格品质和修身立德的结果改变了自己和家族的命运。

对于人格养成和修身立德的重要性，年轻的、刚刚进入大学的你们还体会不到。现在的你们一直在家庭的蜜罐子里长大，作为时代的宠儿，你们在平稳的社会环境中享受着改革开放后的幸福生活。相信有一天，你们会意识到，一个人的发展并非只靠父母的社会关系网络，并非只靠自己的小聪明或高智商，并非只靠机会与运气，而是要靠自己面对现实的勇气、克服困难的意志力、善良真诚的交往方式以及承受压力的心理品质。最终决定一个人能否成就事业的关键，说到底，就是人格的养成，就是修身立德。中国士大夫的"修身齐家治国平天下"思想，其实一直都在得到世人的践行。

我经常在课堂上向学生们讲一个道理：现代社会是功绩主义价值观的社会，是低度背景文化的社会，美国就是最典型的具有这种价值观的国家。但是在当代中国，我们还在受高度背景文化的影响。相当多的年轻人还在以"富二代"、"官二代"为荣，他们并未意识到这是落后的封建意识，并未意识到这本应是现代青年的耻辱。时代是发展的，社会是进步的，构建现代社会文化和功绩主义价值观是这一代年轻人必须要完成的历史使命。当我们的社会真正进入现代社会，当人们用功绩主义的价值观去对每个人进行价值判断时，一些人是否会感到无依无靠？是否会因为自立意识与能力的缺乏而无法生存下去？如何修身立德，养成良好人格，依靠自己的力量去创造未来，是当代大学生们需要认真思考的问题。

成长过程与承受压力

对于教育来说，学生的成长就是硬道理；对于教师来说，学生的成长就是一种职业的幸福感和一种"千淘万漉虽辛苦，吹尽狂沙始到金"的事业成就感。当然，鸡蛋从外打破是食物，从内打破是生命。人生亦是，从外打破是压力，从内打破是成长。如果你等待别人从外打破你，那么你注定成为别人的食物；如果能让自己从内打破，那么你会发现自己的成长相当于一种重生。

事实上，学生们的成长过程是生理与人格发育的过程。他们在敲破蛋壳、破壳而出的过程中会遇到各种各样的问题，对问题的处理与解决是他们成长的标志。在这一过程中，有的成就辉煌，有的平平一生，有的则被社会所淘汰。

小陈，我的学生，他在大学一年级时与同寝室的同学因争辩而动手打架。对方是一个身强力壮的运动员，彪悍好斗，手拿一根木棒劈头朝他打来。当时，站在他身边的我没有任何思考的时间，毫不犹豫地用自己的胳膊挡住了即将落在他头上的一棒。他被同学拉走了，但从此开始孤独自闭，沉默寡言。他要求离开班级，与其他学院的学生合住混寝。他开始回避熟人，回避同学，不参加班级活动。相当长的时间里，我几乎看不到他的身影。偶尔在教学楼的走廊看到他，他也只是非常谦恭地低头向我致意，然后迅速走开。我不知道他在想什么，也不知道他在做什么。1994 年，我的学生毕业了。临行前，我站在当时崇山校区学生宿舍的 9 舍门口送他们离校，四层楼的窗口挤满了学生们的脑袋。学生和老师们都是一种心情，想知道哲学 90 级学生是谁第一个离开学校？小陈出现了，我的脑海里至今还记得当时的情形。他用一个白床单包起所有物品，像一个打工仔一样把一个巨大的包袱背在身上，朝向我走来。我的心抽在一起，看得见他苍白、无表情的脸，看得见他紧张得发抖的膝盖。他对着我，深深地、缓缓地鞠了一躬。我的泪水止不住夺眶而出，在场的所有人都落泪了。他离开了保护过他的老师，但是他却没有获得保护好自己的能力。现在的他，因为严重的心理障碍早已不能工作了。

大学生入学后必须面对的压力来自多方面，也是成长过程中必须面对的各种问题。我的女儿在读大学前，我们之间有过一次谈话。我对她说："读大学期间，你必须要学会三件事情：一是习得知识，掌握将来能够让自己有饭吃的知识与技能；二是习得交往，特别是要学会谈恋爱，学会与异性交往；三是习得做人，提高自己的社会化程度。"女儿对第二点感到不理解，因为她知道，几乎所有的家长都会要求自己的孩子在读书期间不可以谈恋爱。而我认为，人的身心发展是有阶段性的，每个发展阶段都有特定的需要。因此，"到什么时候干什么事"是我的一贯主张。关键是我们要给这些年轻的孩子们以基本的价值观，特别是女孩子，要告诉她们怎样成为一个端庄的女性，在与异性交往的过程中有哪些底线是不能突破的。

大学期间，谈恋爱成为学生们一件既快乐又很纠结的事情。一些学生因处理不好感情问题而影响到学习与生活。在回避不掉又必须面对的事情中获取经验，恐怕也不是一件容易的事情。年轻人谈恋爱的过程其实也是一种人格的展示与成熟的过程。一般而言，如果你有恋母情结，你更容易对老成、细腻、呵护有加的女性感兴趣；如果你有恋父情结，你更容易对成熟、厚重、能给自己带来安全感的男性感兴趣；如果你的人格中缺乏自信，是一个优柔寡断的人，你就有可能去寻找一个多谋善断、自信心强的人；如果你的人格是依存型的，你就有可能去寻找一个独立型的人；如果你的人格中存在着急躁、毛草的毛病，你就有可能去寻找一个稳重、淡定而又不事张扬的人。因此可以说，你寻找的恋爱对象是当下你的人格特质与生存状态的投射。谈恋爱的过程会使你收获与异性交往的经验，在其中也会收获友谊、收获爱情。当然，也要学会勇敢地去面对失败。

疾病也是大学生需要经常面对的压力。小赵的急性牛皮癣是遗传的，她为此焦虑到了极点。每天在同学们离开寝室后，她将床上的皮屑扫起丢掉。夏天，她不敢露胳膊露腿，怕身上的斑点让别人看到。她不敢与男辅导员说话，不敢去上课，怕大家嫌弃自己。终于，有一天她找到我，说她要退学。在我看来，问题的实质其实很简单，是小赵不能面对一个不完美的自己和无力改变的现实。我对她说，如果你想改变现状，你就要勇敢地去面对遗传带给自己的基因。首先要勇于告诉同学们，自己得了牛皮癣，是遗传的，这是一种免疫系统疾病，自身传染，不交叉传染。同时，你还要勇敢地换上短裙和短袖上衣，把身上的斑点暴露出来。她是一个很独立的女孩儿，很坚强也很配合。试想，如果一个人能将自己的不足昭示于天下，还有什么不能去面对呢？第二年，她拿到了二等奖学金来向我报喜。

承受压力是成长过程中必须面对的，是每个人都不能回避的社会经历。个体对压力的承受有一个心理阈限。这个心理阈限人与人不同，取决于每个人的人格品质。这也是为什么有的人能战胜困难，成为强者，而有的人向困难屈服，甚至放弃生命的根本所在。

小爱与大德

古希腊哲学家柏拉图在《理想国》里说过这样一句话："教育非他，乃心灵的转向。"教育学生，重在塑造心灵。心与心的沟通应是爱的传递。这种爱融于课堂、融于寝室、融于活动、融于答疑、融于论文或实验室的指导、融于对求助学生的回应。一点一滴，小爱无痕。我一直以为，爱是一种德育，是一种德行的教育。因为爱能出善良，爱能出责任，爱能出感恩，爱能出智慧，爱能出境界。一所大学是一个大家庭，也是爱的堡垒。这个大家庭中应充满着博爱、自爱、真爱、会爱，其中的每个成员都应承载着爱心去做每一件事情。我们要让每个学生真真切切地感受到来自教师之爱和同学之爱。从心理学的角度看，爱是人与人之间互惠的心理关系。我坚信"善待学生就是善待学校的未来"的道理。我们不能指望一个在无爱的环境中成长起来的学生去肩负重大的历史责任，我们不能指望一个在大学期间由于寝室潮湿而得了强直性脊柱炎的学生去感恩学校，我们不能指望那些在遇到困难时求助无望的学生去回报老师，我们也不能指望那些渴望求知的大学生们听着一些教师的"酱油课"却来称赞教授们的教学水准。给予学生们的小爱中包含着大学的育人根本——大德。

小谭在上课时几次晕倒，被诊断为恶性"神经母细胞瘤"，存活期为5个月。这个可怜的孩子梦想着将来依靠自己的力量来改变命运，但还没有开始，一切就这样结束了。手术以后，贫困的家庭条件使他成为了当时哲学系老师们的照顾对象。他拄着拐杖，拖着不灵活的半边肢体，坐在我家里痛哭的情景，仍清晰地留在我的脑海里。我帮助他制订了一个生命计划，希望他能快快乐乐地活上"6个月"。当一个人清楚地知道自己的生命期限时，他会不会快乐地度过这有限的日子？我不知道。但是我清楚地知道，作为老师，我们是他的社会支持系统，我们承担着爱他的责任与帮助他的义务。当时的哲学系，有的老师送人参，有的老师送鸡蛋，有的老师帮助他补课。当小谭带着笑容对我说，他的第一个"6 个月"很顺利时，我的心里却有些酸楚。幸福其实很简单，对于他来说，能活着就是幸福！于是我们再接着做第二个"6 个月"的生命计划。就这样，他的生命计划一共制订了 5 年。毕业后，小谭到一所中学当上了政治课教师，我们没有将他的病情告诉就业单位，我们相信他会带着满腔的感激之情和对有限生命的珍惜去回报父母、回报社会，这个机会我们必须给他。

30 年来，对读书与执教的热爱使我乐此不疲。2012 年 6 月，我参加了本科生和研究生的毕业典礼。不知道为什么，对学生们为老师献花的举动，我有一种莫名的感动，莫名的回味，莫名的流泪。我以为，可能是自己老了，对学生的成长比前些年更在意了。之后仔细想来，我在意的是自己对爱的收获，在意的是那些年轻的生命对老师们爱的回报！

才俊感悟

——重塑自我，挑战自我

■ 文/张晓静

"锻炼一颗强大的内心，敢于面对现实，接受失败，即使它是你的低谷，即使它是不公平的。还是那句话，接受不能改变的，改变能改变的。"

祝贺各位同学经过 12 年的寒窗苦读，迈进梦寐以求的高等学府。当曾经梦想的大学真真切切展现在你面前时，你的感觉是怎样的呢？不论你的心情是亢奋、喜悦，还是平静、失望，大学都将是你实现理想的新起点，是你迎接下一个亢奋、喜悦或者平静、失望的开始。不论你以什么成绩进入大学，过去都已成为历史，未来的路还有很长，艰难的挑战还有很多，而这条路只能由你自己来走，这些挑战只能由你自己去应对。人生是一场漫长的旅途，但关键的就那么几步，大学阶段便是其中之一。还处于新鲜状态中的你是否已经考虑好如何迎接未来至关重要的 4 年呢？作为一个过来人和青年教师，我有很多感悟想要与你们分享，也希望我的经验能够帮助你们更顺利地度过人生中最美好也是不可复制的 4 年，漂亮地跨越这关键的一步。

正 确 面 对 自 己

大家都抱着对大学生活的美好幻想迈进校园，有的甚至带着完美主义情结而来，但现实通常给我们当头一棒，它可能与你想象中的大学相去甚远。大学校园没有想象中美丽，大学生活也没有想象中轻松，这几乎是所有高校新生的必然反映。大家必须学会理性地平衡理想和现实之间的差距，尽快学会弥合这种心理落差，适应新的生活环境。进入辽宁大学求学，不论是你得偿所愿还是无可奈何的选择，既来之则安之是最明智也是唯一的解决办法。学会接受你们不能改变的事，努力改变你们可以改变的事，只有具备了这种心态才能够迎接未来的挑战。

大学是成就未来的新起点，意味着新的环境、新的朋友、新的思维方式，学习、社交、实践等各个方面都需要重新摸索。如果你仍然存在对过去的依赖心理，则很难适应大学生活。我曾经以大学新生的身份走进梦寐以求的厦门大学，但是接踵而来的并不是喜悦的延续，而是一种深深的失落感。作为高中时代所谓的"尖子生"，在看到别人饱读诗书、精通古今时，在发现别人多才多艺而自己毫无特长时，我觉得自己是那么渺小。这一度让我非常沮丧。我想你们很多人也会有同样的感受。进入辽宁大学的你们几乎都是高中时代的优等生。但是，在这个高手如林的大学生群体中，从前的优越感很可能在刹那间荡然无存，甚至会产生自卑心理。唯一的解决办法是做好自我调节，主动适应环境。要相信，每个人都有自己的优点，你也不例外！离开了昔日的亲朋好友，你们必须结交新朋友。作为 90 后的独生子女，集体宿舍的新鲜感很快将会被隔阂取代，各个方面的竞争有时会让同学关系变得十分微妙。与同学多沟通多交流，善待未来 4 年陪伴你的每一位同学，多参加集体活动，增强集体的凝聚力，只有这样才能够更好地融入新的集体当中。

大学里的辅导员并不是中学时代的班主任，辅导员把你们当做成年人对待，很少介入具体事项的处理，只是会做一些辅助性的协助和指导工作。大学学习也与以往完全不同，老师不会督促你的学习，学不学完全是你自己的事情，没有强制性的作业，没有堆积如山的题海。这些都会让你觉得分外自由，甚至让你觉得茫然不知所措。在课堂上认真听课是一天，在图书馆徜徉书海是一天，在 QQ 上尽情闲聊或者打游戏也是一天。在大学里，这种过度自由的空间将你们在不知不觉中分化、剥离。所以，各位同学一定要搞清楚自己进入大学的目的是什么，你们希望大学 4 年如何度过。有了奋斗的目标才会有动力，好好规划自己未来 4 年的大学生活吧，从现在开始。

悉心规划未来

大学阶段是重塑自我的好时机。每个人都有缺点，进入大学你应该尽量改掉从前的不足，向优秀的人学习，以全新的形象登场。也许你们暂时还想象不到，丰富的大学生活竟然伴随着寂寞和迷茫，如果你已经体会到了这种感觉，恭喜你，你的人生真正开始了。但若任由这种状态肆意发展，会让你觉得格外痛苦，长此以往会消磨你的斗志和欲望，使你愈发懒散。中国的学生普遍有这样一种心理：高考结束了就轻松了。好像通过了高考就等于成功了，这也是很多高中读书很好的学生升入大学之后成绩下滑的原因。大学时代的迷茫和不知所措是很多人都曾经历过的。凡事"预则立，不预则废"。如果能够早早确定奋斗目标，根据目标制订阶段性计划，并且较好地贯彻执行，那么大学生活将会是充实而忙碌的。由于我在本科阶段有了这方面的经验，所以在硕士、博士阶段便早早地为自己确定目标。这对于后面的学习和工作都很有帮助。

我相信，每一位同学对自己的未来都有一个美好的憧憬。迈入大学校门仅仅是你们实现人生理想的一个阶段，而这一阶段的完成情况决定了你们今后的发展方向和速度。学习和心智成长的黄金时期是 20 岁左右的年纪，就像身体发育的最佳时期是青少年时代一样，过了这个阶段再怎么补充营养都会错过身体吸收养分最快的阶段，事倍功半。大学时期是急需各种养分的饥渴阶段，一定要抓紧时间"浇水施肥"，过了这个时节，你们的吸收能力将不可避免地下降。现在的我已经进入而立之年，渐渐开始明白老人们所讲的"脑袋转得慢了"的感觉。如今，读书的注意力和记忆力明显不如从前，就连体力也明显下降，感慨之余不免也有些心酸。所以，发自内心地奉劝大家，一定要好好把握学习的黄金时期，否则将追悔莫及。而且这很有可能是你们最后一次系统地学习专业知识，最后一次与同龄人公平较量的机会了，为什么不抓住这最后一次机会证明自己的能力呢！从你跨入大学校园的那一刻起，你就不再是一个只享受父母呵护的孩子了，你应该学会承担责任、深层思考、感恩父母，严谨规划自己的未来。"4 年之后是马上就业、考研还是出国深造？""以后想去哪里工作？想读哪个学校的研究生？想到哪个国家留学？""大学 4 年是要重塑自我还是享受生活？""大学阶段如何度过？"这是摆在所有大学新生面前的问题。不同的选择将将有不同的安排，而不同的安排也将会带来截然不同的结果。如果你能考虑清楚这些问题，接下来的生活将会是充满动力和挑战的。

制定目标要合理可行，既不过高也不过低。不被人嘲笑的梦想就不叫梦想，所有人都能够实现的目标也不叫目标。很多人觉得现在的大学生眼光放得太高，我觉得这不是一件坏事。想都不敢想的高度一辈子也攀登不到，只要为了自己的目标不懈努力，最后的成败都可以释然。有的同学过于务实，总是觉得自己不要好高骛远，认为要求越少则失望越少。这些人在一定程度上忽视了自己的潜能，没有挑战和压力，动力也不会充足。所以，大胆地为自己制定目标吧，它将是你未来 4 年或者更长时间努力的方向。不要束缚自己的眼界和想法，哪怕去尝试一些新奇甚至疯狂的念头，当实践证明这些想法的可行性时，你会很有成就感。你们要相信，没有做不到，只有想不到。仅仅有了目标当然不够，实现目标主要靠脚踏实地地贯彻执行，良好的自控能力和独立的精神是完成这一步骤的必要条件。如果你已经确立了目标，那么制定一个详细的计划吧。计划有近期和长期之分，而且要结合自身的实际情况，选择恰当的方式和途径。学习时间和课余时间如何分配？每门课程的特点和学习方法如何掌握？等等，这些都需要你不断摸索。当然，一定要咨询前几届的师兄师姐，还有老师也是很好的问询对象。老师不仅是传授你知识的人，也是你的朋友，是与你一起前进的伙伴。

人总是懒惰并渴望收获的，甚至希望不劳而获，但现实并非如此。很多事努力了却不一定能够成功，而不努力就更不会有回报了。妨碍实现理想的拦路虎只有一个——你自己的懒散。你要记住，所有优秀的人都不是轻松成才的，他们一定经历了艰苦努力的奋斗过程。很多不能成为精英的人不是因为他们没有能力，而是因为他们太纵容自己，没能坚持自己的理想走下去。所以，别让自己太舒服，趁着年轻，要忍心"对自己狠一点"，培养自我规划、自我控制的好习惯，认真评估、制订并贯彻执行自己的人生规划，你一定会离目标越来越近！

勤于自主学习

大学里的时间非常宽裕，如果没有一定的自主能力和自我控制力很容易荒废掉。大学生活缺少了家长和老师的约束以及看似"和谐"的竞争环境，造成很多同学对自己的学业有所松懈，"临时抱佛脚"、"60 分万岁"的现象在大学校园里屡见不鲜。实际上，惨烈的竞争局势和残酷的淘汰机制在你们毕业时便会显现出来，只不过那时的"醒悟"为时已晚。那么你们应该怎样避免毕业时的扼腕叹息呢？

第一，学习永远是大学生活的主旋律。大学阶段千万不能放松学习。第一年刚刚入学时，很多同学觉得终于摆脱了高考的压力，一定要好好"补偿"一下自己，其实不然。你在大学的所有"足迹"都将成为你未来履历的一部分，不论保研、出国还是找工作，在校成绩都是从大一开始记录的。保研主要看平时考试的成绩，一门课不好就会影响整体排名。有很多同学有一个误解，认为以后出国读书，国内的考试成绩无所谓，其实大错特错。国外的大学更看重平时的 GPA，也包括在整个年级的排名，特别是你的上升趋势。找工作时的简历上也必须填写大学成绩，虽然考分不能说明一切，但成绩能够代表你的学习能力。试问，哪个单位不喜欢招聘学习能力强的员工呢？至少学习能力强总不是坏事吧。我认为，最好在大学一年级就确立自己的领先优势，这对以后 3 年是很有好处的。因为刚进入大学时大家还比较松懈，等到了大二，同学们便已经意识到学习的重要性，但从大二开始专业课越来越多，门门考高分也就越来越难。因此，如果你在大一就确立领先优势，不仅能够增强自信心，在后面的考试中只要一如既往地努力，一定能继续保持领先位置。

第二，告别中学填鸭式的"喂养"模式，培养自学能力。培养自己的质疑精神，不要成为课本的奴隶，要自主地学习、摸索、实践。大学期间对于知识的掌握不能只靠老师的讲授，老师只是点到为止，更多的是自身广泛阅读所得。大学老师也是秉着"授人以鱼不如授人以渔"的想法引导大家阅读、思考的。因此，自学能力的培养便显得至关重要。可以这样说，自学能力的高低是影响学习效果的关键因素，也是关乎你未来成就的基本技能。"学而不思则罔，思而不学则殆"。各位同学在获取相关具体知识的同时一定要善于思考，在学习中善于发现问题，对于感兴趣的问题深入发掘，渐渐地便会有自己的观点和见解。我并不主张同学们完全为了考试而学习，大家应该从讲授的内容中发掘自己的兴趣，扩展并深化课堂内容，这才是最重要的。兴趣是最好的老师，不要根据名字便对某一门课有抵触情绪。实际上，通过深入地学习，你会发现任何一门课程都是有价值的。即便毕业后你从事了其他行业的工作，现在所学到的专业知识也能成为你在新行业中的优势。专业课掌握的深度决定了你以后发展的高度。对专业知识浅显地了解不难，甚至很多其他专业的学生突击一下也可以掌握。但深层次地把握就不是一朝一夕的事情了。很多同学毕业时觉得自己一无所获，那是因为他们对自己要求过低、"60分万岁"导致的结果。

第三，扩展自己的知识面，并且处理好精读和泛读的关系。有价值的思考要建立在掌握大量资料的基础之上，课堂上的讲授并不能透彻地说明相关问题，更多地需要同学们课后大量地阅读。在这一过程中，老师对参考书的推荐和学生对图书馆的利用都非常重要。老师通常都会列出本课程的参考书目，学生可以根据自身的状况选择阅读。学校的图书馆和各院分馆都会存放重要的参考文献，所以新生入学一定要先了解学校设施开放的时间和阅读规则，充分利用学校的网络资源，更有效率地学习。我每年都会指导学生的学年论文，经常发现有的同学不会使用学校的数据库，这种情况下写出的论文可能称得上优秀吗？多读一些本学科的杂志，了解本学科前沿的动态和最新关注的热点，这会激发你读书的热情。互联网是一个非常好的学习平台，但网络上的信息比较肤浅，而且并不能保证是正确的，所以还是要以书面资料为准。强调一下，一定要养成自主阅读的习惯，一个人心智的成熟、视野的开拓、知识的积累、思想的升华都与大量的阅读密不可分。也许你阅读的内容并不能体现在考试试卷上，但内在的涵养、气质和包容性并不需要卷面成绩来评价。一个人的思想和深度在生活中处处可以体现出来。大学生需要在浩瀚的书海中吸取知识，但一定要有所取舍，有的书是需要精读钻研的，有的书可以泛读了解，有的书是案头消遣的。也就是说，在大量阅读的同时也要能够辨别孰轻孰重。

第四，摸索正确的学习方法，提高分析问题的能力。大学阶段的学习一定要讲究方法。我在做学生的时候总有这样的疑惑：考试试卷的答案无非也就那么几种，怎么分数的差别会那么大呢？做老师之后我明白了其中的原因。虽然很多同学理解问题的含义，但是并没有表述清楚，更谈不上漂亮。比如，问：A、B、C、D分别完成一项工作，哪位的做法是正确的？我们假设C的做法正确，那么回答时不仅要说明为什么C正确，依据是什么，还要说明A、B、D错在哪里，原因是什么。但是，很多同学总是不能够全面地回答，这就是高分与一般分数的差别。那么，造成这种现象的原因是什么？简单地说，是能力不同，但根本上还是学习方法和思路的问题。我在前面说过，大学不是题海战术，真正题海起来恐怕也没有人能吃得消，最重要的是在大量、深入阅读的基础上总结、归纳、消化。有很多同学认为这是应试教育的结果，所以对考试分数不屑一顾，其实不然。大家知道，西方大学非常重视入学申请的自我介绍，而这看似平常的讲述却能够反映出申请人各方面的能力，如思维的深度、广度、学习能力、表达能力、分析能力、语言能力，等等。所以，同样一道题目得到不同的分数，也反映了彼此的能力差别。因此，这根本不是应试教育的问题，而是能力的差异。我在讲课过程中还有这样一种体会，给出一道分析题，引导学生从不同的角度进行分析，说明其中的原因或依据。但是，只要我没有把最终的答案说出来，学生们永远等着我给出一个最终的结果。而实际上，问题的答案在讲述的过程中已经给出方向了。可见，很多同学还是习惯于传统的教学方式，等着老师将现成的知识摆在面前，自己的思考能力较差。这也是为什么中国大学生缺少创造性的原因。另一方面，同学们总是追求唯一的答案。问题可以有多个解决方式，一味强调唯一的解决办法必然会将自己的思维限制起来。当然，这也是我们这个教育体制导致的结果。有的同学学习非常认真，对不懂的问题穷追不舍。这种精神值得赞赏，不认真怎么会有收获呢。但是，如果几个学期下来发现自己的成绩没有显著的提高，那一定是方法出了问题。解决这个问题要从两个方面入手：一是多看资料，对问题的思路和了解会更加开阔和深入；二是多与人交流，既要和老师交流，也要和优秀的同学沟通，从聊天中可以发现自己的问题出在哪。实际上，这种学习方法、思维方式并不仅仅体现在考试中，我们生活的各个方面也会受其影响，包括你看世界的眼光和角度。

第五，努力学好外语，在条件允许的情况下可以参加一些证书考试。英语四六级事关同学的发展大事，每一位同学都必须重视起来。英语学习没有捷径，持之以恒是提高英语水平的唯一法门。英语训练不一定必须在课堂进行，任何时间、任何场所都可以，平时在宿舍可以尝试着用英语对话，偶尔看看英文电影，提高听说能力。不论你是不是英语专业的学生，它都是必不可少的学习和沟通的手段，世界上最先进的知识、技术和思想都需要通过英语来传达。参加工作之后我发现，英语水平的高低也是一个非常重要的评价标准，它的重要性可见一斑。如果你愿意并且在时间允许的情况下，可以参加很多种考试，如雅思、托福、计算机、会计师等等。在考证这方面存在两个极端，有的同学过于重视，将大部分精力放在这些证书考试中，而忽略了专业课方面的学习；有的同学除了专业要求必须参加的，将其他的证书考试一律拒之门外。这也是不对的。这些证书是能力的证明，不论它的含金量是多少，有总比没有好。当然，还有一部分同学存在这样的心理：很想考但不敢考，害怕考不过被其他同学笑话。其实，这种想法非常幼稚。上大学就是来学习的，丰富多彩的生活内容使你学习的内容也变得多样。这不是件丢面子的事情，不耻下问总比不懂装懂好吧。所有的成功都是由失败堆积起来的，没考好并没有使你失去什么，越是这样越要努力建立自信！

总之，几乎所有的人都要与懒惰抗争，每个人都有潜在的能量，只是很容易被惰性和习惯消磨掉而已。这是非常可惜的。大学是学习的场所，学校的好坏并不会影响到真正懂得学习的人。学习永远是大学生的第一要务，切勿贪玩。在青春的岁月里，蹉跎青春是极度奢侈的糊涂行为。如果在大学时过着理想中的"潇洒生活"，错过黄金生长期，那么以后的苦痛需要用很多倍的努力才能够缓解、弥补。

学会相处之道

进入大学就意味着你走进成人社会，你将享受前所未有的"自由"，同时也要承担更多的责任。因此，任何东西的获得都是有代价的。同学既是你的朋友，也是你未来事业和生活的一部分。父母开始更加重视你的意见，他们不会将你们的想法视为无稽之谈，而是具有决定性作用的关键要素。人们将对你们的行为进行成人式的评价，而不会以你还是个孩子而对错误网开一面。社会不会因为你是大学生而对你多些包容，反而会以更高的标准要求你。你会发现，与人相处的能力变得越来越重要，有时超过了学习和工作本身。实际上，与身边的人相处不愉快，工作和学习都会受到影响。与人相处不仅仅是说话这么简单，它可能体现在你生活的每一个细节中。这也是你们将奋斗一生的事业。所以，大学阶段要好好培养与人相处的能力，既能够独立处理好自己的生活，也能够做到善于表达、善解人意、善于沟通。

首先，做好你自己。如何做好自己是一个永远无法完成的命题。它没有标准答案，但必须经得起时间和他人的检验。很多同学觉得耍酷就是时尚，想法独特就是个性，其实不然。一句亲切的问候、一个阳光的微笑都会让对方感觉到温暖。友情就是这样传递的。个性这个东西要辩证地看，如果你的个性让周围人更加喜欢你、接受你，那么这是好的个性；如果你的个性让大家很不舒服、不愿接近，说明你的个性不受欢迎，不是好的个性。大家都很关注自己的"面子"问题，这很正常，但凡事总要掌握尺度。有的同学特别喜欢盲目攀比，这种心理首先体现在物质方面，穿名牌、戴名牌、用名牌的现象非常严重。要知道，你现在的花销都是由父母提供的，这样的行为不能为自己争得"面子"，反而是不懂事、不成熟的表现。"面子"问题还体现在学习上，大家互相竞争是大学校园里应该也必然存在的氛围，但这种竞争应该是良性的，有问题互相切磋，共同思考，没必要遮着掩着。这个社会的强者是拥有大智慧的共享者，而不是耍小聪明的自私的人。还有的同学不敢与他人交流，生怕自己的不解被别人看不起。学生就是来学习的，如果什么都懂了就不用做学生了。即便你的专业课老师，对于他所讲授的专业内容也不是面面精通的，正所谓活到老学到老，不懂就问绝对不是丢面子的事。别说脏话，习惯成自然的道理大家都明白，与他人接触时一句"自然"的脏话很可能让人对你的印象大打折扣。不要总是抱怨自己运气不好，不要总是抱怨不公平，多从自己身上找原因，你会发现凡事都有改进的空间。不要总是觉得"无所谓"、"没什么大不了"，积极的心态会让你更有动力，更受欢迎。

其次，善待你的同学、老师和朋友。与身边人之间的关系也是衡量一个人的重要标准。你们大多是 90 后的独生子女，从小被父母呵护着长大，在与人相处时以自我为中心的倾向在所难免。但是从现在起，你一定要学会换位思考，体谅他人的感受，以诚待人，这样才能交到真正知心的朋友。每个人都是不同的，不要以己度人，要以包容的心态接受周围的朋友。同时，你也要分清哪些朋友可以深交，哪些朋友只是点头之交，尽量和优秀的人做朋友你会学到很多。一个关系融洽、积极进取的集体会让每一个成员都受益。你的大学同学是你未来事业的一部分，是你现在生活的一部分。处理得好同学之间的关系的人，将来也一定能处理好同事、朋友之间的关系。这是个人能力的一种表现，不叫世故，也不是功利。

大学老师与学生的接触并不多，老师们除了论文指导或者回答学生的问题之外，通常讲完课就离开，平时很少有其他的交流。很多学生觉得离老师太远，没什么感情交流。在大学课堂上，有时学生多达两百人，老师不可能主动联络每一个人。如果你有什么问题，或者想与某位老师沟通，可以主动与他接触，老师们一定不会拒绝你的。尊师重道是古今中外的美德，但有的学生总是将老师放在自己的对立面，特别是对于一些高要求的老师，这种想法会让你更加不喜欢学习。我个人认为，如果大学里某位老师还愿意要求你们完成一些强制性的作业，那他一定是一位非常认真、尽职的老师。因为他完全可以事不关己，上课则来下课就走。

大学生活离不开爱情这个话题，但年少的你们是否真正懂得爱？懂得如何去爱？校园里的学生情侣很多，有的经常一起读书、互相督促，合理地分配时间，毕业时都能够实现当初制定的目标。但有的只顾着谈恋爱，一起逃课，一起挂科，毕业时分道扬镳。在我看来，最美好的爱情是两个人互相吸引、相互鼓励、彼此扶持，向着共同的理想迈进。青春期的男女因为优秀而彼此欣赏、互相吸引，这才是真正爱情的开始，而爱情也会成为两个人进步和提升自己的催化剂。爱情的产生不是因为寂寞，不是因为羡慕，那不是爱情，而是填补空虚的手段。功利、放纵的恋爱不是爱情，那是感情泛滥，是对自己不负责任的表现。请首先了解你喜欢的男生或女生，请珍惜你自己的感情，不要让它变得那么廉价。请记住，你的优秀是吸引异性最重要的因素，这种优秀是多方面的，如聪明、善良、独立等等。塑造一个优秀的自我，既能实现自己的理想，也能够收获美好的爱情，这是一件何等幸福的事情。所以，是享受生活还是重塑自我，你们心中应该已经有了答案。

最后，与你的父母交朋友。独立生活不代表减少与父母的联系与沟通，经常给家里打电话是为人儿女必须做的，和他们随便聊聊会让他们一整天都很开心。重要的节假日尽量回家看看父母，实际上是让父母看看自己，正所谓儿行千里母担忧，让他们了解离开父母的你也能够很好地适应环境。不论你与父母的关系从前是怎样的，紧张也好，自由也罢，现在是与他们交朋友很好的时机。像朋友一样和他们谈谈你的新生活、新环境、新想法，让他们了解年轻人的新观念，让他们也学会"与时俱进"。请你相信，他们在感慨代沟太大的同时，也会高兴地尝试跟风时尚。所以，多给父母，也给自己朋友式交流的机会吧，你从中会发现，虽然远离了父母，但彼此牵挂，拥有更多的温馨幸福。事实上，父母不仅是你们生活的经济来源，更是你们不断前行的精神动力。我的硕士阶段是在国外度过的，记得当时非常想念父母，但只能通过网络或者电话联系。当我回家见到他们时，突然发现父母衰老了很多，当时的心情我至今仍无法形容，惊慌、心疼、自责……时至今日，我仍对父母充满歉意，但他们还是无怨无悔地给予我最大的理解和包容。我想，作为子女，我们唯一能做的就是不让他们失望。

主动参与实践

大学阶段，拥有丰富的课余生活，接触社会是非常必要的尝试。因此，你们应该有意识地培养自己的人生志趣和专业兴趣。寻找兴趣点的方法是开拓视野，多角度地参与实践活动。在这个过程中，你也有机会学习如何与人合作、如何自我开发。实际上，所有的书面成绩和证书都是敲门砖，门敲开了就没人看了，进门之后的实践表现才是考察的重点。

高校的社团生活是大家展示自己的最好舞台，同学们应该根据自己的兴趣做出选择。大学里的社团很多，有文艺方面的，如舞蹈、话剧、电影和演讲社团等；有体育方面的，如网球、乒乓球、羽毛球和足球社团等。选择社团要根据自己的兴趣，没必要跟风，而且社团活动会消耗很多课余时间，所以切勿贪多，选择一两个并且认真参与，一定会有意外的收获。

有打工意愿的同学也可以做这方面的尝试，我本人是非常支持的。不论家庭条件如何，大家可以在这个过程中了解赚钱的艰辛和不易，而且在大学阶段积累一定的工作经验对以后步入工作岗位有很大帮助。很多同学在校期间做过家教，这类工作不用抛头露面，不失体面，是很多同学的首选。需要注意的是，做家教一周应该控制在 4 小时以内，最好通过正规的中介机构，以免未来发生争议无法维护自己的权益。促销员也是很多同学选择的打工方式，它的好处是机会更多、形式灵活，但促销员的工作时间经常与上课时间冲突，而且大学生不太懂得分辨公司或者商品的好坏，很容易上当受骗，得不到应有的报酬。

到与自己专业相关的机构实习也是非常好的选择。比如，外语系的学生可以到一些私立的培训机构做兼职外语老师，法学院的同学可以到律师事务所做实习生，金融专业的学生可以到银行、证券公司等金融机构去实习。这对于未来自己的职业生涯来说是难得的锻炼机会，既能够学到更多的专业知识，也能够了解与同事的相处之道。这类实习仅适用于大三、大四的学生，因为当你还不知道自己想要什么，或者你的专业知识体系还不健全的时候，实习对你来说没有什么意义。

总之，各位同学需要把握的原则是，打工的主要目的是将课本上的理论转化为实践中的工具以及体会迈入社会的艰辛，最终的落脚点是为了提高自己的心智和能力，如果因此耽误了学习便是本末倒置、得不偿失了。有同学会说不多参加实践工作就不会找到机会，但是别忘了，机会总是掌握在有准备的人手中，而所谓的准备就是良好的专业基础。一个努力读书、真真正正做学生的人一定会有满意的结果，拔苗助长只会有反效果。

有的同学会去竞选学生会或班干部，以后你们也会到企事业单位去应聘，以后的以后你们还会面对工作中的升职或竞聘。很多人抱怨暗箱操作、不公平。也许你的不公平正是别人的公平；也许你是在将不公平作为掩饰自己能力不济的借口，而且这种托词对其他人来说也是不公平的。有人抱怨很多事情都要靠关系，自己没钱没背景，所以很泄气。既然没有显赫的家世，除了自己努力学习、不断提升外，还有什么办法呢?! 锻炼一颗强大的内心，敢于面对现实、接受失败，即使它是你的低谷，即使它是不公平的。还是那句话，接受不能改变的，改变能改变的。

大学教育的主要部分是传授知识，但它的最终目的是为了同学们人格的提升、魅力的散发，人生观、价值观和世界观的升华。知识可以很快学习并掌握，但品格的形成、观念的建立或改变并不是一朝一夕的事。一个优秀的人不仅要拥有渊博的知识、超群的能力，还应该具备良好的品行、团队合作的精神以及勇于担当的社会责任感和正义感。作为新一代的未来之星，你们每一位都应该力争做一个值得爱、懂得爱的拥有人格魅力的精英。可能有同学会说，我不需要那么优秀，只要"混"得过去就可以了。我认为，这属于自欺欺人的借口。就算是"混"也有"混"得好坏之分。实际上，每个人的内心深处都想成为一个优秀的人，只是能不能实现的问题。因此，这种借口只能麻痹自己，但无法欺骗别人。做一个坦诚的人吧，勇敢面对这个惨烈但能够创造奇迹的竞争环境，为自己的未来画上浓墨重彩的一笔！也许你并不喜欢这个学校，也许你并不喜欢现在的专业，但不管你是否满意现在的状况，你都要刻苦读书，认真学习。如果你能够坚持，你还有改变现状的机会；如果你放弃，你将一直在不如意中度过，好事永远轮不到你。有时候你们已经知道怎样做是正确的，但很难坚持。是的，长期坚持做一件事需要很大的毅力和勇气。优秀的人所具备的最重要的共同点就是自我约束的能力，如果能够较好地控制自己的情绪和行为，说明你朝着目标又迈进了一步。当然，这种自我控制一开始是刻意进行的，但长期坚持下去就会将它变成你生活的一部分。渐渐地，你会发现优秀也可以成为一种习惯。大学时光有多么的宝贵，工作多年的人一定会明白。在这个阶段的你们，生活自由，没有家庭、事业的牵绊，完全有条件专心学习，做自己感兴趣的事。这是已经参加工作、成家立业的人可望而不可即的机会。所以，一定要好好珍惜你们成长的最佳时期，把自己培养成一个德才兼备的优秀人才。

读到这里，你会做出怎样的选择呢？重塑自我还是享受生活？选择不同，最后拿到学位的含金量也是不同的。你的选择不仅要对得起自己，更要对得起你的父母以及所有对你寄予厚望的人。我不希望当你大学毕业时，发现自己除了一张毕业证之外一无所获。当然，年少轻狂的日子谁能无过，这才是青春。但当你们回首大学生活时，我希望你们会说那是让你们没有遗憾的时光，那是让你们用无数个为理想打拼的日日夜夜组成的最难忘的日子。其实，前面讲的很多经验教训是我在本科、硕士、博士甚至工作之后才渐渐领悟到的。如果你们在刚进校门时看到这篇文章，也许会认为我是一个空洞的说教者，但一个学期、一年或者多年之后，你们一定会与我有很多的共鸣，会认同我的想法。所以，等待你们自己的亲身体会吧，到底是选择平庸还是挑战自我，这一切取决于你自己！

学海引航

——知己知彼，百战不殆

■文/杨志安

　　亲爱的同学们，你们来到美丽的辽宁大学的校园，肩负的一个重大的使命就是学习知识、掌握本领，成为"宽口径、厚基础、高素质、强能力"的创新型人才。而要实现这一目标，就要熟悉学校关于教学管理的相关规定，不走或少走弯路，在大学学习和生活中顺利启航。

一、你了解教学日常管理规定吗？

（一）学制和学分要求

（1）学制和学习时间。我校全日制本科的规定学制为 4 年，实行规定学制、弹性学习时间的做法，即学生可以根据自己的能力，自愿选择 3～7 年内完成四年制教学计划所规定的学习任务，提前或推迟毕业（毕业时学制均以 4 年计），并在申请学位、报考研究生和就业等方面与按规定学制毕业的学生享有同等的权利。

（2）学分要求和学分计算。我校全日制本科学生在学期间必须修读完成教学计划规定的学习任务，并取得教学计划规定的总学分（160 学分左右）。学生在 3～7 年期间按照教学计划规定修满各类学分，并且完成全部实践教学环节，方可获得毕业资格。当期获得毕业资格且符合辽宁大学学士学位授予条件者，可向学校学位委员会申请学士学位。

原则上，理论课每 16 学时 1 学分，实验课每 32 学时 1 学分。思想政治理论课、军事理论及军训、学年论文、毕业论文（设计）、实习实践等课程和实践环节的学分由学校统一规定并按教学计划执行。

（二）课程体系的构成及学分分配

1. 课程平台

按照先修后续、先通后专的逻辑要求构建层次清晰、结构合理、环节衔接的"层级递进"的课程平台。

（1）通识教育平台

通识教育平台旨在扩展学生的知识结构和培养学生的综合素质，为夯实专业基础创造条件。因此，通识教育课程的设置应注重课程设计的公共性、贯通性和综合性。通识教育平台由三组模块构成：①素质教育（社会科学、人文学科、公共艺术、自然科学、应用技术）；②思想政治教育；③专项教育。

（2）学科教育平台

学科教育平台旨在培养学生的学识素养和拓展学生的学术视野。因此，学科教育平台的课程设置应注重课程设计的基础性、系统性和学术性。学科教育平台由两组模块构成，即学科通选课程和学科核心课程。根据学科特点，目前设置五组学科通选课程——经管类、政法类、人文类、艺术类、理工类（"物理群组"和"化学群组"）。各学院也可以根据情况在学科课程中搭建单元平台。学科通选课程由相关学科协商设置，学科核心课程由各学科自行设置。

（3）专业教育平台

专业教育平台重在培养学生的专业基础和提升专业能力。因此，专业教育课程的设置应注重规范严谨、精炼优质、突出特色。专业教育平台由专业主干课程和专业方向课程组成。

2．课程结构

按照结构合理、配置科学的设计要求，总学分为160学分左右。指导性学分比例：通识教育平台为59学分，学科教育平台为50学分，专业教育平台为42学分，实践环节为9学分（不含实验）。

教育平台	课程类别	学　分		学分比例
实践环节	实习实践	4		9学分
	毕业论文（设计）	5		（6％左右）
专业教育	专业方向	专业特点：自行设置		42学分
	专业主干	专业特点：自行设置		（26％左右）
学科教育	学科核心	学科特点：自行设置		50学分
	学科通选	学科特点：协商设置		（31％左右）
通识教育	专项教育	28		59学分
	思想政治教育	15		
	素质教育	16		（37％左右）

（三）选课

1. 选课原则

学生必须按照教学计划规定进行个人课业修读。其中，必修模块要求学生必须按照所在专业教学计划规定修读完成全部课程和教学环节并获得相应学分；选修课部分要求选修并获得规定的学分，选修课学分不能替代必修课学分。教学计划规定的各类教学环节要求必须全部完成。

学生必须修读足够的选修课程并获得相应学分，以完成所在专业教学计划规定的选修课总学分要求。

自主安排学习进程。学生可以在导师的指导下，不完全按照教学计划设置的学期修读课业，而适当调整课业安排，形成适合个人的课业修读进程。有严格接续关系的课程不允许先选修后续课程。

自主选择学习方式。在满足一定条件下，允许学生对所选修课程选择全程听课方式、部分免听听课方式、免听方式或免修方式等完成学习。但是，思想政治理论课、军事课、实验课和其他实践教学环节不得申请免修。

选课必须遵循必修课优先而后选修课的原则。建议优先选择本年级课程，在此基础上考虑跨年级选修。

学生每学期选修课程学分总数一般应不高于 30 学分，不低于 12 学分。

2. 选课程序

（1）制订个人修读计划。学习《教学计划》，以教务处下发的当学期选课手册为依据，填写选课单。

（2）预选。学生确定个人预选课程，并在规定时间内登录综合教务管理网站，完成预选。

（3）正选。核查预选已选课程结果，对选课人数超过课容量的课程进行抽签确认选课结果；可对选课人数未超过课容量的课程进行补选。

（4）上网查询课表。正选结束之后应自行上网查询个人课表，查看有无取消开课及课程的错选、漏选情况。

（5）补退选。对于取消开课或错或漏选者，须在规定的补退选时间内及时修正。逾期不再处理选课事宜。

（6）按照选定的课程表按时参加课程的学习。

3. 课程选课人数达到 20 人以上（包括 20 人）方可开课，不足 20 人不开课，相关学生可以在补退选阶段改选其他课程

4. 免听和免修

（1）免听课程。免听某门课程须在该课程开课一周内提出申请，经任课教师面试，认定其有自学能力并经院系主管领导批准后，可以部分或全部免听该课程内容（一学期最多免听两门），但仍需完成该课程规定的部分学习任务，如作业、实验等，方可参加该课程的期末考试，成绩合格后获得学分。免听课程出现考试不及格，须补考或重修。

（2）允许学生申请免修某门课程。免修须在选课后一周内提出申请，经院系主管领导批准后参加由学校或院系统一组织的免修考试，或直接参加开设该课程年级的期末考试，成绩达 80 分以上（含 80 分）时方可获准免修并取得该门课程学分。

申请免修课程如有实验应随班上实验课。如果实验课不及格，随下一年级上实验课；仍不及格，取消免修考核成绩。

（3）教学计划规定的必修课和选修课中除思想政治理论课、军事课、实验课、实习、毕业论文等实践环节外均可申请免修。

5. 学生未经选课程序选课而擅自参加某课程学习和考试，将不予记载成绩，且不能获得相应的学分

6. 通识教育选修课的选修

（1）通识选修课为必选课程，划分为五个模块：社会科学、人文学科、公共艺术、自然科学、应用技术，课程编号分别以 ABCDE 开头。

（2）所有学生应在本专业教学计划及《各专业限制选修通识课程

目录》之外进行课程选修，所选修课程需覆盖五个模块，每个模块选修课程不超过 3 门，并获得 16 学分。

（3）学生原则上应在第一学年内完成通识选修课的修读。

（4）学生在第一学年内修读通识选修课如有不及格情况不予补考，须在规定的选课时间段内自行上机重新选课。学生可以选择重新学习原课程，也可以改选其他课程，通识选修课程的不及格记录将于下一学期开学前统一删除（此办法仅限于通识选修课程）。

7. 选课注意事项

（1）选课前必须参照《班级课表》和《选课手册》，并且认真填好《学生选课单》。

（2）正选期间必须登录系统，通过【选定课程】界面查看所选课程是否需要抽签，在【课表显示】界面查看无效。

（3）必须于规定的课表查询时间内查看课表，并记录所选课程的时间、地点及选课学分。如因未按期查看课表导致未按时参加补选，不能按期完成学业者后果自负。

（4）关于退选和改选。课程选定后因特殊情况必须退选或改选时须在规定的退改选时间段内登陆选课系统更改，非退改选阶段的规定时间不得更改；未经办理手续而擅自改选课程者，不能获得该门课程的学分及成绩。

（5）对某一门课程进行选课而又没有正式办理退选手续的学生，如未参加该门课程的考核，则该课程成绩按零分记载。

（6）关于分校区选课。选课时应注意区分课程所开设的校区。如因特殊情况跨校区选课，应保证能达到课程要求。

（7）关于选课密码。系统初始密码为身份证号码后 6 位。密码应自行修改，密码长度不应超过 10 位。可以使用英文字母与数字组合的方式，但应注意区分大小写（密码如修改后不慎遗忘，请携带本人学生证或校园卡到所在学院负责教务的老师处查询）。选课密码应妥善保管，如因密码保管不当或委托他人代选课而造成的错选、少选等情况并影响按期完成学业者，后果自负。

（四）成绩管理

1. 所有课程均须考核合格方可获得相应学分

2. 成绩记载和管理

（1）考试的成绩评定采用百分制。其中，有平时成绩的课程平时成绩和期末考试成绩比例应为20％∶80％。考查的成绩评定可以采用百分制或采用五级分制，即优秀、良好、中等、及格、不及格。考查课程成绩评定的依据项目和比例由院系自行确定，并须在开课初期向学生公布。

（2）百分制和五级分制的对应关系是：90～100分为优秀，80～89分为良好，70～79分为中等，60～69分为及格，60分以下为不及格。在计算学分积时，优秀计为95分，良好计为85分，中等计为75分，及格计为65分，不及格计为55分。

（3）有实验的课程，其实验考核课程在及格以上者方可参加该课程理论部分考核。实验不及格者必须补做，合格后方可进行理论部分考核并评定该门课程的成绩，否则课程考核成绩以不及格计。

（4）学生无故旷考，成绩以零分计；学生考试违纪，成绩以零分计，并标注"违纪"字样。

（5）总平均学分值计算方法如下：总平均学分值＝$\sum$（课程成绩×课程学分）/$\sum$课程学分。

3. 成绩查询和成绩证明

（1）学生可以随时登录辽宁大学综合教务管理网站，通过个人学号和密码进行成绩查询。对课程成绩有疑义的，应及时与所在院系教务干事或相关任课教师联系。

（2）教务处负责提供学生档案成绩单和对外出具学生成绩证明。学生存档成绩单由所在院系在学生毕业离校前统一到教务处办理。学生因出国、工作等原因需要对外成绩证明，可以自行到教务处办理或由院系集中统计后统一到教务处办理。但是，对外出具成绩证明必须由教务处提供或经教务处审核。

（3）成绩证明办理流程。在校生出具成绩证明须携带本人有效证件（校园卡、学生证、身份证）到教务处办理。如代他人办理，须携带其有效证件。已毕业学生须携带身份证并记牢在校期间学号。

办理成绩单须先到教务处教学管理科（蒲河校区文华楼154B房间）登记学号、姓名、成绩单用途等信息并出示证件。

打印成绩单后，到教务处办公室（蒲河校区文华楼153A房间）加盖教务处成绩印鉴并登记。需要多份成绩单者须先提出需要份数，自行复印后再加盖教务处成绩印鉴。

教务处暂不提供英文成绩单。需要英文成绩证明者需要参照教务处出具的中文成绩单自行翻译，将中、英文成绩单一并交教务处复核。英文成绩单如为多页，则每页均需要写明学籍信息；英文成绩单中的课程顺序须与中文成绩单一致，成绩不得更改。

办理时间：每学期第3~15周周三下午办理成绩审核及加盖印鉴事宜。

在校的外国语学院（辽阳武圣校区）、亚澳商学院、新华国际商学院学生出具成绩证明须先到所在学院打印成绩单，并加盖所在学院公章后，到教务处办公室办理。

4. 选派到外校学习的学生的成绩管理

（1）选派到外校学习的学生应及时到教务处办理退课手续。

（2）选派到外校学习的学生应在外校学习期满回校后，及时向教务处提供在外校学习期间的成绩单原件及复印件（成绩单为外文原件的须自附中文翻译件，并经学校国际交流处认定盖章）。

（3）由于外校学分标准与我校学分标准存在一定程度的差异，因此原则上要求选派到外校学习的学生的最终修读总学分接近于所在专业规定的毕业总学分即可（原则上要求差距范围在20学分以内）。

（4）选派到外校学习的学生仍然必须完成我校所在专业教学计划规定的全部必修课课程，并获得学分。在外校选修的相当于我校必修课的课程，可以通过认定程序代替相应必修课的学分。具体程序为：经院系开设相关课程的教研室主任认定，并经主管教学院长批准，报教务处审核通过。

5. 参加比赛学生的成绩管理

学生代表学校参加学校认定的比赛（包括文艺、体育、知识竞赛等各类比赛），需事先报教务处批准，原则上不允许免考当学期课程，但可申请缓考。对于参赛学期的课程，期末考试或缓考考试成绩按照一定标准和规则予以加乘系数，以示公平和鼓励。

（五）补考和重修

（1）实行补考和重修并行制度。学生任何一门课程期末考试不及格均允许补考一次（通识选修课除外），补考仍不及格或放弃补考须进行重修（部分选修课可以重修或改修）。

（2）每个学生对于同一课程仅给予一次补考机会，补考时间仅安排在学生参加某门课程期末考试学期随后的下一学期初进行。补考不允许缓考。不申请补考一律按自动放弃处理，不再给予补考机会。

（3）学生因期末考试违纪或旷考，成绩以零分计而发生的不及格，不允许补考，应直接重修。学生因无故旷课或无故不完成作业等违反课堂教学纪律而造成某门课程不及格，不允许补考，应直接重修。

（4）重修由教务处统一组织，以开设重修班学习并考核的方式进行。

（5）课程申报重修人数超过 20 人可以开设重修班。不足 20 人不单独开设重修班，可以在该课程下一轮正常开课时随课重修。

（6）补考和重修的成绩均如实记入学生成绩档案，并参与总平均学分值的计算。

（六）毕业和学士学位资格

（1）具有正式学籍的学生，在 3～7 年学习期限内完成教学计划规定的学习任务，取得相应的学分，并完成规定的各实践性教学环节，准予毕业，发给毕业证书。毕业资格审核以学生入学当年的教学计划为依据，因休学等原因跟下年级学习的学生的毕业资格审核以实际所在教学计划为依据。

每年 1 月份和 6 月份两次办理本科毕业证书和学士学位证书的审核、授予工作。在两次中任何一次办理毕业的学生均属于当年的应届本科毕业生。

（2）学士学位申请者应为具有辽宁大学学籍的全日制本科学生，完成本科教学计划规定的总学分及全部教学环节要求，经审核准予当期毕业，即可授予学士学位。

（3）凡具有下列情况之一者，不授予学士学位：

①违反考试纪律受记过以上处分者；

②受过两次警告或一次记过以上处分者；

③结业后换发毕业证者；

④非当期毕业生不予受理学位申请。

（七）关于重新选择（转）专业

根据辽宁大学通识教育实施方案特制定重新选择（转）专业实施办法，重新选择专业控制规模为转出人数不超过所在专业当年招生计划的 5％，转入人数不超过转入专业当年招生计划的 10％。重新选择专业学生一般转入同一年级。

1. 在校本科生重新选择专业应具备以下条件

（1）学生修完所在专业第一学年的教学计划，按所修课程总平均学分值排序，排序在本专业前 10％之列；

（2）完成学校通识教育方案中规定的素质教育五个类别的 16 学分的课程；

（3）成绩无不及格记录；

（4）符合学校规定的学生须自行学习拟转入专业所在学院指定的相关课程（教材及参考书目由学院确定），参加由学校统一组织的考试；

（5）在招生计划中已经明确不实行转专业的相关专业学生不适用

本办法。

2．有以下情况之一者不能重新选择专业

（1）新生入学未满一学年者。

（2）未达到重新选择专业规定要求者。

（3）定向生、委培生和国防生。

（4）在校期间受到警告（含警告）以上处分者。

（5）正在休学或保留学籍的学生。

（6）应予退学的学生。

（7）在校期间已有一次重新选择专业记录者。

（8）其他无正当理由者。

3．重新选择专业学分记载及其学籍管理

（1）重新选择专业后已取得的学分计算方法。学生转入新的专业后，必须完成转入专业的教学计划规定课程并获得相应学分方能毕业。

重新选择专业学生原专业的必修课要求不低于转入专业相同课程的，可以认定已获得的成绩和学分，否则应予以补修；其他与转入专业教学计划无关的课程，可以计算为选修课学分。

（2）重新选择专业的学籍管理。学生转入新的专业，原则上按照入学时的年级所适用的学籍管理办法进行管理。

重新选择专业学生按转入专业、年级学费标准缴纳学费。

（八）关于推荐免试硕士学位研究生

1．推荐免试硕士学位研究生的条件

（1）被推荐学生为我校正式招生录取的普通本科应届毕业生（不含专升本、第二学士学位和独立学院学生）。

（2）被推荐学生应具有高尚的爱国主义情操和集体主义精神，信念坚定，社会责任感强，遵纪守法，积极向上，身心健康，具有良好的品德修养。

（3）被推荐学生应热爱所学专业，学术研究兴趣浓厚，有较强的专业能力倾向，学习成绩优秀。具体学业要求为：

①完成所在专业教学计划规定开设的前三个学年的全部课程，成绩合格，并且课程考试不及格记录次数累计不超过两次。

②外语水平要求。四级教学层次的英语语种学生，要求国家大学外语四级考试成绩优秀或通过六级考试。其中，参加百分制四、六级考试者，要求四级成绩 85 分以上（含 85 分），六级成绩 60 分以上（含 60 分）；参加 710 分制四、六级考试者，要求四级成绩 600 分以上（含 600 分），六级成绩 425 分以上（含 425 分）；外语专业学生通过专业四级考试，并且成绩良好；四级教学层次的小语种（俄、日、德、法等国家不设六级考试级别的语种）学生，要求国家大学外语四级考试成绩达到 70 分以上（含 70 分。因 2009 年 6 月首次设立日语六级考试，该考试成绩 60 分及以上也可）。艺术类学生大学外语 A 级考试成绩 85 分以上（含 85 分），或者四级通过（60 分或 425 分）。

③在本专业成绩排序为前 1/10。排名按照平均学分值计。

④在同等条件下，具备以下条件者给予优先考虑：学生在校期间在国家级学术刊物上发表与专业相关的学术论文者（要求刊物为正刊，学生本人为第一作者）；参加全国大学生各类竞赛（如电子大赛、英语大赛等）并获国家二等奖以上奖项者。

⑤对有特殊学术专长或具有突出培养潜质者，经 3 名以上本校本专业教授联名推荐，经学校推免生遴选工作领导小组严格审查，可不受成绩排名限制，但学生有关说明材料和教授推荐信要进行公示。

（4）被推荐学生应诚实守信，品行优良，无任何考试作弊和剽窃他人学术成果记录，无任何违法违纪处分记录。

达到以上条件的学生具备被推荐为免试硕士研究生资格，可以按照总平均学分值高低排队，按学校规定名额推荐。

2. 推荐免试硕士学位研究生的工作程序

（1）学校成立推免生遴选工作领导小组，由主管教学工作副校长任组长。具体工作由教务处负责，学生工作处和研究生院配合。各院系由院长（主任）牵头，由院长（主任）、主管教学院长（主任）、主管学生工作的院长和其他相关人员组成推荐小组，共同完成此项工作。

（2）由教务处将学校当年获得的推荐名额按各院系学生人数比例分配到各院系。各院系应根据本办法规定的条件进行审核，根据名额限制，严格按照成绩排名顺序进行推荐，并确定推荐免试学生。

（3）为保证我校推荐免试硕士研究生工作质量不断提高，要求被推荐学生选择"211工程"院校或国家重点大学、科研院所进行推荐。

（4）为使推荐免试工作公平、公正、公开地进行，要求各院系在确定推荐名单后必须张榜公示。公示内容包括被推荐学生姓名、总平均学分值、本专业排名。公示期不少于7天。

（5）各院系经过公示后，将最终确定的推荐名单、推荐学生资格审核表及同意接收学校的接收证明报送教务处审核。

（6）教务处将按照各院系推荐名单及相关材料进行审核。对学生本人条件不符合本办法条件规定者，取消其推荐资格；对接收学校不符合本办法规定者限期更换，逾期不更换者按自动弃权处理。

（7）各院系符合本办法要求的推荐学生数不足本单位获得的推荐名额时，必须将剩余名额返回教务处，不得随意支配。

（8）对取消资格、弃权和剩余的名额，学校经综合平衡后进行二次分配。

（9）教务处对全校各院系推荐免试硕士研究生材料汇总、审核后提出推荐名单，呈主管校长批准后报上级主管部门批准、备案。

二、你对考试规定知多少？

（一）考试形式

（1）教学计划规定开设的课程均须考核。考核形式分考试和考查两种。考试主要采取笔试、口试、口笔兼试、开卷、闭卷或开闭卷结合等方式；考查主要依据平时作业、实验、课堂讨论、测验、答辩、考勤等综合评定。

（2）如前所述，考试的成绩评定采用百分制；考查的成绩评定可以采用百分制，也可以采用五级记分制。

（二）考试时间

（1）每学期最后两周是期末复习考试时间。全校选修课、学院部分选修课（未实行教考分离者）考试，由开课学院具体组织；校必修和部分选修课（实行教考分离者）考试，由教务处统一安排。

（2）期末考试未通过的学生可以在第二学期开学初自愿参加学校统一组织的补考考试。如不参加补考考试则视为主动放弃，学生须直接重修。补考考试一般安排在开学 1～3 周内进行，主要利用业余时间，如周六、周日或晚间。

（3）重修考试一般安排在重修班结束后一周内进行，主要利用业余时间，如周六、周日或晚间。

（三）考试资格

学生经过选课程序确定选择并参加课程修读，方可参加该课程的期末考试。学生期末考试不及格给予且仅给予一次补考机会。学生期末考试不及格经补考后仍不及格者，须经过重修申请程序并参加重修课程学习，方可参加该课程的重修考试。

有以下情况之一者取消考试资格：

（1）学生无故旷课（包括正常学期课程和重修课程，下同），累计超过该门课程教学时数的 1/4 者，成绩以零分计。该课程不允许参加补考，须重修。

（2）无故未完成作业量超过该门课程作业量的 1/3 者，成绩以零分计。该课程不允许补考，须重修。

（3）理工科中有实验课的理论课，其实验课不及格者。

（4）未办理选课手续者不允许参加考试。

（四）考场规则和答卷要求

考场规则：

（1）考生须凭辽宁大学学生证、校园一卡通和身份证等有效证件中的任意两种证件进入考场，按监考人员指定的座位对号就座。

（2）考生进场后将有关证件置于座位右上角（便于监考教师检查的位置），以备检查。无证者不允许参加考试，按旷考处理。

（3）考生须按时进入考场，迟到超过 30 分钟者不准入场。考试结束前考生不得交卷退场。

（4）候考期间不准大声喧哗，经劝阻无效者按违纪处理。

（5）考生进入考场时，除必要的考试用品外，其他一切用品须置于考场指定位置。考试中不得互相转借计算工具；不得使用自己准备的草纸，草纸由监考教师统一发放；考生不得携带移动电话等通讯工具以及带有记忆功能的电子文具进入考场，否则按违纪处理。

答卷要求：

（1）考生答卷前须检查试卷，并在相应位置上写好本人的学院、专业、年级、学号和姓名等相关信息，不得在试卷其他位置做任何标记。

（2）笔试答卷一律用钢笔或圆珠笔（蓝色、黑色），不得用铅笔（制图及外语等有规定使用的除外）。字迹应工整、清楚。答题书写在草纸上一律无效。

（3）考生在考试过程中要保持肃静。考生在考试期间询问问题时须事先举手，经监考人员同意后方可提问。

（4）考生必须独立完成考试。考试中不准交头接耳、左顾右盼，传看、偷看他人试卷，抄书、打小抄儿、接听（看）手机或短信等。

（5）考试时不准吸烟，不得擅离座位，不允许做与考试无关的事情。不听劝告者，监考人员有权责令其停止答卷，退出考场。

（6）考试过程中，考生不可临时提出申请缓考（发生急病或突发事件等不可抗拒因素造成不能完成考试者除外）。

（7）考试期间，考生应将写好答案的试卷文字一面朝下置放。考试时间结束，考生应立即停止答卷，将试卷整理好反放在桌上或按监考教师要求将试卷交到指定位置。交卷后，学生应安静迅速退场，不得在考场和考场附近逗留或谈论。

(8) 交卷过程中，考生不得涂改答案或抄袭他人试卷。

(9) 采用题签考试的，必须以一次抽签为准。

凡违反上述规定之一者，学校将按有关规定予以处理。

（五）违纪作弊处理情况说明

对违纪的界定及处理办法：

(1) 开考前整顿考场秩序时，不按考场规则要求将书包、书籍、笔记等交到非考场指定地点，且不听劝告者。

(2) 在桌面、墙壁等处抄写与考试内容有关的公式或文字，或虽非本人所为但事先未向监考人员及时报告者。

(3) 考试中交头接耳，经警告仍不悔改者。

(4) 在考前向教师套题，考后纠缠教师要求改分者，或为违纪者说情和进行掩盖者。

(5) 故意扰乱考场纪律，经警告不听劝阻者。

(6) 迟到 30 分钟以上，不听劝阻，强行进入考场者。

(7) 不携带有关证件进入考场，又拒不服从监考人员指令，强行参加考试者。

(8) 考试过程中，未经监考教师同意，擅自出入考场者。

(9) 不按时交卷，或交卷后在考场或考场附近大声说话，直接影响他人答卷或扰乱考场秩序者。

(10) 其他违反考场规则但尚未构成作弊的行为。

凡学生考试有以上情节之一者，按违反考场纪律处理，视情节给予记过或记过以上处分，并取消学生的学士学位。

对作弊的界定及处理办法：

(1) 将与考试课程内容有关的书籍、笔记、纸条等藏于身上、试卷下、课桌等处者。

(2) 偷看或抄袭书本、笔记、纸条及别人试卷者。

(3) 传条、示意、对答案，或有其他协同他人作弊情节者。

（4）请人代考或替人考试者。

（5）考试时帮他人答卷或交卷时写他人名字以及考试结束后不交试卷试图将试卷带出考场或已带出考场者。

（6）考试时未经允许擅自交换座位以及互相交换试卷者。

（7）延时交卷并向他人询问答案和答题方法者，或交卷时向他人提供答案或答题方法者。

（8）组织作弊者。

（9）用手机等通讯工具、有记忆功能的电子用具或其他手段作弊者。

（10）经评卷教师认定，并经院系学术委员会确认为雷同卷者。

学生考试有上述情节之一者均以作弊论处，视情节给予留校察看直至开除学籍处分，并取消学生的学士学位。

凡因考试违纪作弊受到记过或留校察看处分者，同时附带如下处理：

（1）受到记过或留校察看者，发生违纪或作弊的课程考试成绩以零分计，不允许补考，须直接重修。

（2）受记过处分者，毕业时不授予学士学位。

（3）受留校察看处分者，在达到毕业资格时推迟一年毕业，不授予学士学位。

（4）考试违纪受记过处分者，在之后的学习期间内受记过处分，给予留校察看处分；考试违纪受记过处分者，在之后的学习期间内受留校察看处分一律做开除学籍处理；考试作弊受留校察看处分者，在之后的学习期间内受记过以上（包括记过）处分一律做开除学籍处理。

（六）补考相关说明

（1）每个学生的每门不及格课程，学校仅给予一次补考机会，补考环节仅安排在学生参加某门课程期末考试学期随后的学期初进行。因任何原因不参加补考考试，一律按自动放弃处理，不再给予补考机会，该课程必须并且仅可通过重修获得学分。

（2）学生期末考试违纪作弊或旷考者，不给予补考机会，须直接重修。

（3）学生因无故旷课或无故不完成作业等违反教学纪律而造成某门课程不及格，不允许补考，应直接重修。

（七）重修考试相关说明

（1）凡考试不及格者（补考仍不及格或期末不及格但放弃补考，下同）或缺考者均应重修，经重修学习后方可参加考试。重修考试分为两种形式：一是重修班考试；二是跟随期末考试。开设重修班的必须参加重修班考试；跟随期末考试必须在考前4周提出书面申请，由教务处统一安排。

（2）重修班考试由教务处考试科统一组织。重修班考试于重修班结课后1～2周内进行，具体考试时间、地点由授课教师通知。同时，考试科在办公自动化网上发布。未交重修费的学生不允许参加重修考试。学生无故不参加重修考试，按旷考论，成绩以零分计。

（八）免修课程考试相关说明

已在"免听和免修"部分详述。

（九）缓考相关说明

（1）缓考是指学生确实因发病或其他不可抗拒因素而不能正常参加期末考试或重修考试而申请办理的缓期考试。

（2）缓考只针对校内期末考试、重修考试。

（3）补考环节一律不予缓考；毕业年级学生不得因复习准备研究生入学考试而申请期末考试缓考。

（4）缓考办理程序。学生填写缓考申请报告单，由院系主管教学院长（主任）批准，并在缓考申请报告单上签字盖章后，由教务干事及时报送教务处考试科，待教务处批准后生效。因病不能参加考试者，须有辽宁大学校医院或其他医院出具的诊断书或证明。因其他不可抗拒因素而不能参加正常考试者，须有院系主管教学院长（主任）批准并在缓考申请报告单上签字盖章，并附有相关证明材料。学生不得在考试结束后申请缓考。

（5）被批准缓考的学生必须参加临近一次该课程的考试（包括重修考试、期末考试、补考考试），在考试前须向院系教务干事提交考试申请报告，由院系教务干事整理后上报教务处考务中心。学校不为缓考学生单独组织考试。

（6）缓考成绩按实际分数记载。缓考无故旷考者，该课程成绩以零分计，该课程须重修。

（十）其他相关考试

辽宁大学教务处考务中心还设有多项国内、国际考试，如国际日本语（JLPT）、商务日语（BJT）、商务英语（BEC）、韩国语（TOPIC）、全国大学英语四六级（CET）、全国大学英语四六级口语、全国大学生英语竞赛（NECCS）等。

三、你在大学学习时还要注意哪三个环节？

（一）实践性教学环节

1. 什么是实践性教学环节

实践性教学环节是高等学校教学工作的重要组成部分，是为配合理论教学，培养学生分析问题和解决问题的能力，加强专业训练和培养学生实践能力、创新能力和创新意识而设置的教学环节。实践教学的根本任务是培养学生运用实验、实训、实习等手段在理论和实践相结合的教学过程中消化理解课堂理论学习的知识，同时对学生进行科学实验方法和技能的基本训练，提高学生分析问题、解决问题的能力，培养学生具有理论联系实际的能力、实事求是的科学态度和认真严谨的工作作风，为学生从事技术开发和科学研究打下坚实的基础。

2. 实践性教学环节包含哪些内容

实践性教学环节有两种：一是基于课程的实践性教学，即课程实验、实训、实习（设计）；二是集中实践性教学，即社会调查、各类实习（见习）以及毕业作业（论文或设计）等。

本科指导性教学计划中规定的实验、实训、实习等课程实践性教学环节和集中实践性教学环节是学生必修的教学环节，在课程和专业学习中有突出的重要地位。对不同专业，实践性教学环节的教学管理和考核均不同，学校本科指导性教学计划对此有具体的规定。

3. 学校如何开展实践性教学环节

课程实践性教学：按照学校本科指导性教学计划规定的学期开课，在实验（实训）教学大纲指导下，根据专业性质不同，由各教学单位负责组织实施和考核。

集中实践性教学：根据专业性质不同，集中实践性教学由各学院制订实习（实践）教学大纲，根据大纲要求组织开展相关教学活动，一般采取专业实习、社会调查、毕业设计、毕业论文等形式开展。

4. 怎样完成好实践性教学环节

学校本科指导性教学计划、实验课教学大纲、实习（实践）教学大纲对实践性教学环节的时间安排、内容、形式、操作和考核要求等都作了详细规定，同学们在充分了解学校相关教学文件要求的基础上，在教师的指导下，明确学习目标，根据教学安排做好各方面准备工作，按部就班完成各项教学内容。

通过实践性教学环节，同学们可以在课程实验教学过程中动手实践、开拓创新、增强能力；在实习实践过程中把在大学学到的专业知识和技能应用到具体的工作实践中去，找到理论知识、专业技能和实际工作的结合点，为以后在工作中充分运用所学的专业知识和技能、更好地发挥作用打下良好的基础。

（二）网络辅助教学环节

1. 什么是网络辅助教学环节

网络辅助教学环节主要指利用"辽宁大学教学网"的网络教学平台辅助本科教学。网络教学平台的功能包括网络课程建设、创新教学、开放式教学和学习、学习过程监督和评价、学习交互、资源管理与共享等，教学内容主要包括教学辅导、课程说明、教师介绍、设计方案、实施方案、教学大纲、课程内容、作业、通知等。网络中的文本资源最富特色的是网状的超文本链接，构成了多层次、立体化的知识和信息网络，是学校教学信息化建设的重点之一。

2. 网络辅助教学环节有哪些创新

教学设计：支持教师将知识点转化为学习对象，促进学生自学、自测、自评和反思。

因材施教：教师可以为不同学习风格、不同学习水平的学生设计、制作不同的学习路径及学习内容。

协作学习：提供小组学习空间以及丰富的协作学习工具，在共同完成学习任务的过程中，促进学习者之间的相互学习、相互监督、相互评价。

移动学习：学生可以使用常用移动设备终端（如手机）随时随地了解最新的学习内容、参与学习互动、反馈学习心得，真正实现不受时空限制的学习。

开放式的教与学：学生可以自主申请开通各类利于学习的网络学习社团，在学校监管下自主组织开展学习和交流活动。学习从班级扩展到学校社区及校外网络社区，从小组到社团再到全球网络社区，教师和学生可以参与各种通过网络教学平台构建起来的社区团体的学习活动。学习内容来源丰富，不仅仅是教师积累的文件资源，还有来自网络的专业前沿信息、网络用户学习经验、丰富的网站资源等。学习工具灵活多样，可以整合各种教师和学生认为有用的学习工具，如英语学习软件、反抄袭工具、通信工具等。

3. 如何进行交流互动与答疑

网络教学平台系统提供邮件、论坛、聊天室、虚拟课堂等交流工具，可以很方便地实现师生、生生之间的同步与异步交流互动；利用 Blog、日志、Wiki 工具，实现开放的学习交流和互动。

（三）大学生创新创业训练环节

1. 什么是大学生创新创业训练环节

大学生创新创业训练环节主要有两大类：一是各类、各级别（国家级、省级、校级）大学生竞赛项目；二是大学生创新创业训练计划项目。

大学生竞赛项目包括机械创新设计大赛、计算机设计竞赛、网络商务创新应用大赛、工业设计大赛、结构设计竞赛、广告艺术大赛、数学建模竞赛、非英语专业大学生英语应用能力竞赛（笔译、写作与口语两部分）、电子设计竞赛、智能自主机器人竞赛、动植物标本制作竞赛、无碳小车越障竞赛以及"挑战杯"竞赛等。"挑战杯"竞赛是由共青团中央、中国科协、教育部和全国学联共同主办的全国性的大学生课外学术实践竞赛，每两年举办一届。"挑战杯"竞赛现已成为高校学生课外科技文化活动的一项主导性活动，越来越受到广大学生的欢迎和各高等院校的重视，在社会上产生广泛而良好的影响，成为促进高校科技成果向现实生产力转化的有效方式。

大学生创新创业训练计划项目包括创新训练项目、创业训练项目和创业实践项目。实施大学生创新创业训练计划是促进高等学校转变教育思想观念、改革人才培养模式、强化创新创业能力训练，增强高校学生的创新能力和在创新基础上的创业能力、培养适应创新型国家建设需要的高水平创新人才的重要途径和手段。

创新训练项目是本科生个人或团队在导师指导下，自主完成创新性研究项目设计、研究条件准备和项目实施、研究报告撰写、成果（学术）交流等工作。

创业训练项目是本科生团队在导师指导下，团队中每个学生在项目实施过程中扮演一个或多个具体的角色，自主完成编制商业计划书、开展可行性研究、模拟企业运行、参加企业实践、撰写创业报告等工作。

创业实践项目是学生团队在学校导师和企业导师共同指导下，采用前期创新训练项目（或创新性实验）的成果，提出一项具有市场前景的创新性产品或者服务，以此为基础开展创业实践活动。

2. 如何参加大学生创新创业训练计划环节

学校根据国家和省教育厅组织每项竞赛和项目的要求，在学校办公网、教务处网站、教学网上发布相关参赛和项目申报的通知，由学院统一组织报名，学校教务处组织校内评审。校级的由学校组织实施，省级以上的由学校评审后统一申报。

3. 参加大学生创新创业训练环节会有哪些提高

通过参加大学生竞赛和创新创业训练计划项目，大学生将在创新设计意识、实践动手能力和团队协作精神等方面得到全方位的锻炼和提升。同时，学校将根据不同赛事和项目对学生能力培养的效果，有选择地给予学分奖励，并在课程建设、学生选课、考试、成果认定、学分认定、灵活学籍管理等方面给予政策支持。

管理问答

——不以规矩，不成方圆

■文/吴建利

　　进入大学不得不了解并遵循相应的规章制度，所谓国有国法、家有家规。斯坦福大学教授春木昌彦这样说："制度作为一种均衡现象，只要别人不忽略它，任何人都不敢不正视它的存在，从而对人们的策略选择造成影响。"正视制度，规划未来是每个新生的策略选择。这里，我们就从学籍管理篇、助学管理篇、日常管理篇三个维度来谈谈相关问题。

学籍管理篇

问题一：入学报到后是否应立刻进行学籍注册，有哪些程序？

新生入学后，学校会按照招生规定对其进行身体和入学资格及其他方面复查。复查合格者予以注册，取得学籍。根据教育部规定，学生信息实行电子注册制度，具体分为教育部学籍电子注册和学校学籍电子注册两部分。

1．教育部学籍电子注册

（1）在新生入学的前3周内，学校组织新生确认学籍信息。确认信息无误后，须学生本人签字。

（2）学校将新生确认的学籍信息通过教育部网址——"中国高等教育学生信息网（网址：http：//xjxl.chsi.com.cn/）"报辽宁省教育厅，经辽宁省教育厅和教育部审核备案并提供查询后，方可被国家承认和保护。

153

（3）新生须在学校规定的时间（一般为每年的11月初）在"中国高等教育学生信息网"上核查本人的学籍电子注册信息。

2．学校学籍电子注册

新生入学后，须根据学校安排的时间（一般为新生入学的前三周），在"辽宁大学学工管理系统（网址：http：//xg.lnu.edu.cn/lnuxg/）"上填写"学生登记卡"，完成学校与教育部同步的学籍电子注册。

问题二：如果因为生病或其他特殊原因，需停课休养，可以申请休学吗？之后怎样申请复学？

学生应在学校规定年限内完成学业。在特殊情况下允许学生分阶段完成学业：本科生3~7年，专科生2~4年。

1．学生有下列情况之一者，可以休学：

（1）因伤、病经指定医院诊断，须停课治疗、休养占一学期学时1/3及以上者。

（2）一学期因病假、事假总计缺课累计超过该学期上课总学时的

1/3及以上者。

（3）因特殊原因，学校认为必须休学的。

2. 学生休学一般以一年为期。也可以续休，但累计休学年限不超过2年。学生休学由本人提出申请，家长同意后签字，经所在学院同意签字盖章，报学生工作处审核。

3. 休学学生办理休学手续离校，学校保留其学籍。学生休学期间不享受在校生待遇。

4. 学生复学按下列规定办理：

（1）学生休学期满，应于期满后学期末向学校提出复学申请，经学校审查合格后可以复学。

（2）因伤、病休学的学生，申请复学时须向学校提交县级以上医院诊断，证明恢复健康，经学校或学校指定医院复查合格后可以复学。

（3）休学期间有违法乱纪行为者，取消复学资格，予以退学。

问题三：如果因成绩太差不能完成学业，或者因病无法继续在校学习，可以申请退学吗？需要哪些手续？

可以申请，具体情况如下：

1. 学生有下列情形之一，予以退学：

（1）在学校规定年限内（含休学）未完成学业的。

（2）休学期满，不办理复学手续的，或申请复学经复查不合格又超过休学年限的。

（3）经学校指定医院诊断，患有疾病或者意外伤残无法继续在校学习的。

（4）未请假离校连续两周没参加学校规定的教育教学活动的。

（5）学生一学期内不及格课程达到16学分及以上或各学期不及格课程累计达到30学分及以上者。

（6）超过学校规定两周期限未注册而又无正当事由的。

（7）本人申请退学的。

2. 学生本人申请退学的，须由本人提出申请，家长同意后签字，经所在学院同意签字盖章后，报学生工作处审核。

3. 对学生的退学处理，由校长办公会议研究决定。对退学的学生，由学校出具退学决定书并送交本人。

4. 退学的学生应在接到离校通知一周内办理退学手续离校。档案、户口退回家庭户籍所在地。凡不按规定离校产生的后果，学校不负任何责任。

助学管理篇

问题一：学校有哪些资助家庭经济困难学生的政策体系？

学校已经建立国家奖学金、国家助学金、国家助学贷款（包括校园地国家助学贷款和生源地信用助学贷款）、退役士兵教育资助、学费补偿助学贷款代偿、勤工助学等政策体系。家庭经济困难学生考入大学，首先可以通过"绿色通道"按时报到。入校后，学校对家庭经济困难情况进行核实，根据核实情况采取不同措施给予资助。其中，解决学费、住宿费问题，以国家助学贷款为主，以国家励志奖学金等为辅；解决生活费问题，以国家助学金为主，以勤工助学等为辅。

问题二：学校是否设有负责家庭经济困难学生资助工作的专门机构？

2005年3月，学校成立助学管理科，隶属学生工作处，配备专职工作人员负责全校家庭经济困难本专科学生的资助管理工作。助学管理科在崇山校区的办公地点为机关楼244房间，电话为024－62202660；在蒲河校区的办公地点为校部办公楼一楼综合办公大厅，电话为024－62602660。同时，学校现已建立校院两级家庭经济困难学生资助管理机构，各学院学生工作办公室安排专人担任资助工作负责人，统一负责本学院学生资助管理工作，确保助学工作良性发展。

问题三：学校新生入学"绿色通道"有何特色？

学校积极贯彻国家"绿色通道"入学政策，确保被录取新生不因家庭经济困难而辍学。为贯彻国家"绿色通道"政策，同时又保护家庭经济困难学生的个人隐私，学校创造性地设立了"虚拟绿色通道"，即开学报到当天，学校并不为家庭经济困难新生设立专门的"绿色通道"，单独对他们进行审核和报到，而是让他们和其他同学一起正常报到入学。在学生报到入学后，学校根据财务处提供的缴费情况，对家庭经济困难学生进行调查了解，再根据了解到的实际情况对他们进行分类资助。《光明日报》曾经以《辽宁高校人性化帮扶贫困新生》为题，报道我校"虚拟绿色通道"。同时，学校在新生报到现场设立"绿色通道咨询处"，向新生宣传学校的"绿色通道"政策，并发放《辽宁大学贫困生资助体系情况介绍》知识手册，为有特殊困难的学生提供帮助。家庭经济困难学生在不觉中通过学校的"虚拟绿色通道"，实现了"无障碍绿色通道入学"，在保障家庭经济困难新生顺利入学的同时，又保护了学生的自尊心和隐私权。

问题四：家庭经济困难学生的认定标准如何？

家庭经济困难学生指学生本人及其家庭所能筹集到的资金难以支付其在校期间学习和生活基本费用的学生。我校家庭经济困难学生认定包括困难学生和特困学生两个标准。困难学生指学生家庭经济月收入或者年收入低于家庭所在地平均水平，学生本人在校期间月正常生活费低于该校正常消费水平，且家庭难以支付其子女在校正常的学费和生活费，经学校认定可确定为困难学生。特困学生主要指来自享受城镇最低生活保障金或者低保边缘家庭以及农村特困户家庭，且在校期间日常消费水平较低的学生，经学校认定可确定为特困学生。学生需要向学校申报家庭经济困难，由学校根据有关部门设置的标准和规定的程序进行认定。

问题五：家庭经济困难学生的认定机构组成如何？

高校家庭经济困难学生的认定机构由学校学生资助工作领导小组、助学管理科、学院家庭经济困难学生认定工作组、年级（或者专业、班级）认定评议小组组成。

学校学生资助工作领导小组全面领导学校家庭经济困难学生的认定工作。

助学管理科负责具体组织和管理全校家庭经济困难学生的认定工作。其职责包括：部署、指导各学院开展家庭经济困难学生认定工作；随《录取通知书》向新生寄送《高等学校学生及家庭情况调查表》；审核、确认各学院家庭经济困难学生认定工作组的认定结果；建立健全全校家庭经济困难学生信息档案；及时向学校学生资助工作领导小组汇报工作情况。

学院家庭经济困难学生认定工作组由学院主管副书记为组长、学生辅导员等担任成员组成，负责本院家庭经济困难学生认定工作的组织和审核。其职责包括：按照学校的统一部署，组织本院家庭经济困难学生的认定工作；指导成立以年级（或者专业、班级）为单位的家庭经济困难学生认定评议小组，对本院认定评议小组的认定结果进行审核、排序、公示，形成本院家庭经济困难学生的认定结果，报助学管理科；建立健全本院家庭经济困难学生信息档案，定期对家庭经济困难学生进行资格复查和调整，准确掌握学生家庭经济状况发生显著变化的情况，及时调整或者认定其家庭经济困难等级。

年级（或者专业、班级）认定评议小组由学生辅导员任组长、学生代表担任成员组成。其职责包括：根据本院认定工作组的要求，组织本年级（或者专业、班级）家庭经济困难学生的认定、排序工作；组织填写、统计《高等学校学生及家庭情况调查表》、《高等学校家庭经济困难学生认定申请表》，根据学生申请，提出初步认定结果，并将结果报本院认定工作组。

问题六：家庭经济困难学生的认定程序如何？

家庭经济困难学生认定工作每学年初进行一次。助学管理科、各学院认定工作组、认定评议小组按照各自的职能分工，认真、负责地共同完成认定工作。

第一步为学生申报。学生须提交《高等学校学生及家庭情况调查表》或其他同等效力的证明材料和《高等学校家庭经济困难学生认定申请表》，同时登录辽宁大学学工管理系统网站进行网上申请。各学院认定评议小组按照家庭经济困难学生认定标准，结合城市居民最低生活保障标准、学生日常消费水平以及影响其家庭经济状况的有关情况，对申报学生进行认定，确定本年级（或者专业、班级）的家庭经济困难学生资格，并通过辽宁大学学工管理系统网站进行审批，形成名单，报学院认定工作组进行审核，并将学生提交的认定材料存档备查。

第二步为学院审核。各学院认定工作组认真审核，认定评议小组申报的初步认定结果，确定家庭经济困难学生名单，并以适当方式在学院范围内公示 5 个工作日。师生如有异议，可以通过有效方式向本院认定工作组提出质疑。认定工作组在接到异议材料后的 3 个工作日内予以答复。如果对学院认定工作组的答复仍有异议，可以通过有效方式向学生工作处助学管理科提请复议。助学管理科应当在接到复议提请的 3 个工作日内予以答复。如情况属实，应当做出调整。

第三步为学校审核。学生工作处通过学工管理系统网站对学院审批通过的家庭经济困难学生名单进行审核，形成家庭经济困难学生名单，并在网站公示 5 个工作日，无异议后形成辽宁大学家庭经济困难学生电子档案。

问题七：学校是否可以办理校园地国家助学贷款？

可以。每人每学年最多可贷款 6000 元，包括学费和住宿费两部分。学费和住宿费之和大于或者等于 6000 元，每人每学年可以贷款 6000 元；学费和住宿费之和小于 6000 元者，按二者实际之和办理。

问题八：如何申请校园地国家助学贷款，需要哪些程序和材料？

学生在入学后一个月内向所在学院提出申请，学院对申请国家助学贷款学生的基本情况进行初审。初审合格后，由学院到助学管理科领取《国家助学贷款申请表》等有关材料，并统一组织学生填写。

申请校园地国家助学贷款的学生须在规定的时间内填写《国家助学贷款申请表》，并向学院提交上述国家助学贷款所需相关材料，同时登录辽宁大学学工管理网站进行国家助学贷款网上申请。各学院在收到贷款学生的申请材料后，需要对纸质材料和网上申请信息进行初审。初审合格后，对学生的网上贷款申请信息进行审批通过，并形成本学院贷款学生汇总名单，与贷款学生申请材料一并报助学管理科。

助学管理科对学院提交的国家助学贷款申请材料进行审查。对申请材料有欠缺的学生，及时通知其改正、补全；对不符合贷款资格的学生，取消其申请，并及时告知申请人。审查工作完成后，在校园网上进行为期一周的公示，并对有质疑的贷款申请学生重新进行资格审查。公示无异议后，学生工作处助学管理科对审查合格的贷款申请书予以确认，并向经办银行提交编制好的《申请国家助学贷款学生明细表》和助学贷款申请材料。

经办银行在收到学校提交的《申请国家助学贷款学生明细表》和申请材料后，对学生的贷款申请进行最终审查。审查合格后，经办银行将统一与贷款学生签订国家助学贷款借款合同。

问题九：校园地国家助学贷款的期限、利率如何？是否有国家贴息？还款违约有何不良后果？

国家助学贷款期限最长不超过借款学生毕业后 6 年。国家助学贷款利率按照中国人民银行公布的法定贷款利率和国家有关利率政策执行，不上浮，不计复利。提前还贷的，经办银行应按贷款实际期限计算利息，不加收除应付利息之外的其他任何费用。国家助学贷款贴息实行借款学生在校期间的贷款利息全部由财政补贴，毕业后全部自付的办法，借款学生毕业后开始计付利息。借款学生毕业后自付利息的开始时间为其取得毕业证书之日的下月 1 日（含 1 日）；对没有按照借款学生毕业时与经办银行签订的还款协议约定期限、数额归还国家助学贷款的学生，经办银行对违约贷款金额记收罚息。同时，经办银行会将已毕业学生的个人基本信息和还款情况录入中国人民银行的个人信用信息基础数据库，以供全国各金融机构依法查询。如国家助学贷款毕业学生违约情况严重，将影响其向金融机构申请办理其他个人消费信贷。

问题十：助学贷款学生发生休学、转学、退学等学籍变动情况时，国家助学贷款如何处理？

在借款期间，学生发生休学、退学、转学等学籍变动时，学校按规定将及时通知经办银行。经办银行有权按合同约定采取停止发放尚未发放的贷款、提前收回贷款本息等措施。必须在经办银行视情况采取上述措施后，或经办银行与借款学生签订还款协议后，借款学生方可办理学籍变动相应手续。

问题十一：校园地国家助学贷款和生源地国家助学贷款的区别是什么以及二者是否可以同时办理。

生源地信用助学贷款是指国家开发银行等金融机构向符合条件的家庭经济困难的普通高校新生和在校生发放的，学生和家长（或其他法定监护人）向学生入学户籍所在县（市区）的学生资助管理中心或金融机构申请办理的、帮助家庭经济困难学生支付在校学习期间所需的学费、住宿费的助学贷款。生源地信用助学贷款为信用贷款，不需要担保和抵押，学生和家长（或其他法定监护人）为共同借款人，共同承担还款责任。贷款期限原则上按全日制本专科学制年限（在校生按学制剩余年限）最长加 10 年确定，借款期限最长不超过 14 年。学生正常学制毕业后满两年开始按借款合同约定按年度分期偿还贷款本金。学生可以向当地县级教育行政部门咨询具体办理生源地信用助学贷款相关事宜。

校园地助学贷款是由政府主导、财政贴息、财政和高校共同给予银行一定风险补偿金，银行、教育行政部门与高校共同操作的专门帮助高校贫困家庭学生的银行贷款。借款学生不需要办理贷款担保或抵押，但需要承诺按期还款，并承担相关法律责任。借款学生通过学校向银行申请贷款，用于弥补在校学习期间学费、住宿费和生活费的不足，毕业后分期偿还。

校园地国家助学贷款和生源地国家助学贷款，二者不可同时申请。

问题十二：学校是否设有勤工助学岗位？

学校在图书馆、公寓中心、网络中心、心理咨询中心、实习实训中心、涵月宾馆、宣传部等部门设有勤工助学岗位。学校会及时向学生发布勤工助学岗位信息，学生可以到辅导员处报名并填写岗位申请表，学院审核后报助学管理科审核、培训，培训合格后即可上岗。

问题十三：什么是"国家助学金"、"国家励志奖学金"、"国家奖学金"、省政府奖学金？何时申请？

"国家助学金"是由中央与地方政府共同出资设立的，每年评选一次，资助对象为高校中家庭经济困难、生活俭朴、勤奋学习、积极向上、遵规守纪、道德品质优良的全日制普通本专科学生。辽宁省国家助学金分两个等级：一等每人每学年4000元；二等每人每学年2500元。"国家励志奖学金"是由中央与地方政府共同出资设立的，每年评选一次，资助对象为高校二年级及以上家庭经济困难、生活俭朴、学习成绩优秀、品德优良、遵规守纪的普通全日制本专科学生，每人每学年5000元。"国家奖学金"由中央政府出资设立，奖励对象为高校二年级及以上学习成绩优异，社会实践、创新能力、综合素质等方面特别突出，品德优良、遵规守纪的普通全日制本专科学生，每人每学年8000元。"政府奖学金"由辽宁省政府出资设立，奖励对象为高校二年级及以上品学兼优、各方面成绩都特别突出的普通全日制本专科学生，每人每年8000元。国家、省政府助学金或奖学金的评选时间为每年的10月份左右，具体时间根据上级教育主管部门的通知确定。

问题十四：学校是否设有优秀学生奖学金？

学校设有一等、二等、三等、单项奖学金，每学期评选一次。一等奖学金获奖比例为在校生人数的5%，奖学金金额为1000元，并授予"优秀学生"称号；二等奖学金获奖比例为在校生人数的10%，奖学金金额为500元，并授予"优秀学生"称号；三等奖学金（含优秀学生干部）获奖比例为在校生人数的20%，奖学金金额为260元；单项奖学金获奖比例为在校生人数的20%，奖学金金额为100元。学校优秀学生奖学金的评选时间为每学期开学初。

日常管理篇

问题一：如果办理学生证？拿学生证可以买半价火车票吗？

新生入学注册后，学生工作处统一安排各学院组织新生按要求填写，经审核后，盖学生工作处红章和辽宁大学钢印，发给学生证。

1. 学生证是学生的身份证明，不得转借他人。丢失或损坏者，由本人填写《学生证补办证明》，经辅导员同意并加盖学院公章，到学生工作处补办。蒲河校区补办时间为每个月最后一个周四，崇山校区补办时间为每个月最后一个周五。

2. 按国家规定，学生每年可购买 4 张单程从学校到家庭所在地的半价火车票。新生需要购买学生火车票优惠卡，将其贴在学生证尾页，购买火车票时出示即可。

按照教育部、铁道部的规定，从 2011 级新生开始，学生优惠卡必须实名办理，即每张优惠卡要关联学生的姓名、家庭住址、乘车区间等基本信息，以便在购买火车票刷卡时，铁道部可以通过教育部提供的学籍信息查询真伪。学生工作处将于新生入学后至 12 月底之前分批次以学院为单位逐步完成新生信息的录入工作。

学生购票优惠卡的购买和充磁（一年 4 次使用权，如使用完毕或消磁，下一年可充磁继续使用，但最多可充 4 次使用权）工作在学期末放假前以学院为单位统一进行。

问题二：办理学生证，是否可以更改乘车区间？

根据规定，只有从学校到家庭所在地的乘车区间才能享受 4 张单程的半价火车票优惠。如果因父母工作调动等原因家庭搬迁需更改学生证和火车票优惠卡的乘车区间时，须持家庭迁入地证明信，由辅导员同意并加盖公章后，到学生工作处办理更改事宜。

问题三：可以在寝室里养宠物吗？

学生寝室内禁止饲养猫、狗、兔等宠物，经教育不改者予以警告处分。

问题四：可以在寝室里喝酒、玩扑克、打麻将吗？

学生寝室内禁止饮酒、打架斗殴、玩麻将等赌博活动。自习时间（作息时间夏季为 19：30～21：00，冬季时间为 19：00～21：00，另含全天教学时间）和休息时间（熄灯时间至起床时间，另含午休时间）不准在走廊和寝室内吹拉弹唱、收看电视，不得打扑克、下棋、

玩电子游戏及进行其他娱乐活动。

问题五：可以在寝室烧水、做饭吗？

学生寝室不得自行拉接电源，不得拆毁照明供电等设施，禁止使用电褥子、电炉子、电热杯、"热得快"等电器，禁止使用酒精炉、蜡烛和点燃明火以及在室内及走廊烹制食品。违纪者给予警告以上处分。

问题六：如果学生出现违法、违纪、违规行为，学校有哪些惩处措施？

学校尊重学生的权利，维护学生的合法权益。学生有义务遵守学校制定的各项管理制度。学校对学生违法、违规、违纪行为的性质、情节、危害和影响程度等进行审查、认定，在此基础上，对违法、违纪、违规学生做出相应的纪律处分决定。

纪律处分的种类分为警告、严重警告、记过、留校察看和开除学籍。

问题七：受到学校的纪律处分对学生有何影响？

1. 学生受警告以上纪律处分的，在处分的学期内无权参评奖学金。

2. 学生受记过或留校察看纪律处分的，不授予学士学位，不享受困难补助。

3. 给予留校察看处分的，察看期限为12个月。毕业年级学生给予留校察看处分的，察看期限为6个月。受留校察看处分的学生，在察看期间对错误有深刻认识并表现良好的，可以申请按期解除留校察看。有显著进步表现的，可申请提前解除留校察看处分。

4. 受留校察看处分的学生，在留校察看处分解除之前不准予毕业。

5. 给予开除学籍处分的学生由学校发给学习证明。学生按学校规定的期限离校，档案、户口退回其家庭户籍所在地。

6. 对学生做出的纪律处分材料要真实、完整地归入学校文书档案。其中，处分决定书、处分决定书送达回执、处分登记表、学生申诉复查结论等归入学生本人档案。

问题八：如果学生对学校的处分决定有异议，可以申诉吗？

1. 学生对处分决定有异议的，在接到学校处分决定书之日起 5 个工作日内，可以向学校学生申诉处理委员会提出书面申诉。

2. 学生申诉处理委员会对学生提出的申诉进行复查，并在接到书面申诉之日起 15 个工作日内做出复查结论并告知申诉人。需要改变原处分决定的，由学生申诉处理委员会提交学校重新研究决定。

3. 学生对学校的复查决定有异议的，在接到复查决定之日起 15 个工作日内，可以向辽宁省教育厅提出书面申诉。

4. 从处分决定或者复查决定送交学生、学生家长或其直系亲属之日起，学生在申诉期内未提出申诉的，学校或者辽宁省教育厅不再受理其提出的申诉。

最后，我们期待新生进入新家之日起，模范遵守各项规章制度，以优异成绩报答父母、回报社会、感恩辽大。

新生秘笈

——八道兵线，七种武器

■文/韩雪松

"认真用好成长平台，着意打磨青春时光，用心咀嚼大学滋味，是新家提供给你的法宝。不仅要理解它，更需在 4 载'家庭生活'中使用它。"

八道兵线

1. "两会"——学生会、学生社团联合会

学生会与学生社团联合会合称"两会"。作为学校维护学生权益、服务广大学生成长成才的重要力量，"两会"不仅仅是你们身边最具

魅力与创造力的优秀学生组织，还将透过欢笑与泪水见证你们的青春成长，最终成为你们参与校园文化生活时不可或缺的感性存在。来到"两会"，你将真切地感受到一个团结的集体所散发出的光与热；来到"两会"，你将在点滴琐事中体会到肩上的责任之重；来到"两会"，你将收获同学间相挽相搀、共同奋进的美好情谊。青春，需要挥洒智慧；青春，需要奉献力量。可以说，在洋溢着青春色彩的大学校园里，如果没能亲身领略"两会"的风采确是一件憾事。错过"两会"，你便难以体会自己热切奉献的爱有多美；错过"两会"，你便难以知道自己用汗水浇灌的花有多艳；错过"两会"，你便难以轻易发现厚积薄发的你有多牛！虽然"两会"的经历未必会决定你们未来发展的成败，但它却会在你们的大学 4 年里留下趣味横生的一笔，成为你们短暂青春中永恒的记忆。

2. "两节"——素质拓展节、社团节

素质拓展节与社团节合称"两节"，是深受辽大学子喜爱的两项校园精品活动，也是广大同学张扬青春、绽放梦想的重要文化载体。在辽大学子眼中，"两节"可称得上是减轻学习压力与舒缓无聊情绪的调味剂。它是以多彩的青春为轴而恣意旋转出的一圈圈意涵深刻的纹理，那热情似火的红色代表着"校园十佳歌手"用之不竭的青春激情；那活泼动感的橙色代表着"舞蹈新星"优美绵延的青春韵律；那睿智俏皮的黄色代表着"英语达人"独具魅力的奇思妙语；那满蕴希望的绿色代表着"魅力主播"妙语连珠的青春朝气。文化如同春雨，润物于无声却又无处不在。在"两节"的文化殿堂中，你可以将内在的才华定格在一张张画纸之上，可以在唇枪舌剑的论战中展示你的口才，也可以把最动人的舞姿留在绚烂的青春舞台中央。在这里，每一项活动都有它的独特之处，每一次参与你都将收获意想不到的惊喜。它就如同一卷崭新的画轴，等待正值青春的你们去书写，去挥洒。

3. 学生会主席论坛

作为我校校园文化建设的重要组成部分，一年一度的学生会主席论坛不仅是校际精英交流的平台，还是我校各学院学生领袖展示自我、彼此学习的有利契机。在这里，你将成为一个侃侃而谈的演讲者，敞开心扉，畅所欲言。十余分钟的讲话将凝结着两年来团学工作的点滴，智慧的深度、思想的节奏、文字的力量、语言的律动、个人的魅力都将在那一刻得到完美的展现。如果你有幸最终成为台上的一员，那么身后强大的集体便是你角色定位的依托，日积月累的工作战绩便是你演讲时不竭的底气，而台下同学钦佩的目光则是你自信的源泉。记住，这方平台会让你青春岁月里那抹最美的笑容得以印刻，这方平台会让你成长年华中最坚定的眼神得以铭记，这方平台将承载着你们青春的无限激情与成长的鲜活睿智。更为重要的是，请相信，这里终将属于你、塑造你、成就你。

4.大学之声广播电台、大学生艺术团

作为辽宁大学唯一的校级有声传媒，"大学之声"广播电台是我校主要的宣传机构和学生实践基地，在丰富校园生活、调节校园气氛等方面发挥着至关重要的作用。大学之声，声声动听；广台之家，团结共赢。通过它，你不仅可以获取新鲜有趣的校园资讯，聆听时尚动感的美妙音乐，还可以在生动而又励志的人物访谈中收获成长。如果你想让自己的声音响彻校园，抑或让自己的事迹在校园里扩散，或许"大学之声"广播电台便是你最好的选择。因为这是一个梦想者的舞台，走进"大广台"，用声音为自己做主，让无尽的思绪随着电波传递给每一个听众，你将在传媒之路上收获一片属于自己的天空。

此外，大学生艺术团也是我校的核心学生组织，它以新鲜和专业两大特点出现在辽大的众多特色活动中，并给广大师生留下了深刻而难忘的印象。可以说，大学生艺术团不仅为广大热爱艺术的学生提供了一个梦想的支撑，还在辽宁大学广阔而深邃的艺术天空里留下了生动的一笔。

5."青马"工程、"大骨班"

理想在拼搏中奋进，青春在团徽中闪光。如果你是马克思主义坚定的信仰者，是德才兼备、具有远大理想抱负的优秀青年，团中央、省、市、学校不同层级自上而下的"青年马克思主义者培养工程"（简称"青马"工程）将为你插上理论、创新与实践的羽翼，让你在经历中感悟中国共产党的风雨历程，以史为镜畅论古今，以人为镜反观自身。作为"青年马克思主义培养工程"的重点项目和实践途径，我校的"大学生骨干培训班"将为你提供一个与志同道合者共话天下大事、与专家学者共沐科学春风的有效平台。在这里，你将学会以铁肩担道义之心肩负国家历史重任，更好地助力中国特色社会主义之路。当千帆过尽，在"大骨班"中所学的智慧将是你一生受用的财富；当历尽铅华，"大骨头"们的深情厚谊将是你今生难忘的永恒记忆。参与"青马"工程，加入"大骨班"，用真挚的青春誓言放飞理想，在理论与实践的结合中体悟时代精神、感受时代脉搏，这将成为你们大学经历中一段催人奋进的历史记忆。

6. 西部计划、扶贫接力计划研究生支教团、辽西北计划

西部计划、扶贫接力计划研究生支教团、辽西北计划是团中央为鼓励高校学生深入基层、投身西部建设以及更好地推动偏远地区发展而实施的西部计划。在这里，你可以收获一个承载青春、助力成长的坚实平台，一扇服务他人、完善自己的明亮窗口，一支踏实上进、乐于奉献的和谐团队以及一次生命旅途中充满挑战与未知的身心历练。在我们学校，每年都有这样一群风华正茂、意气风发的有志青年，在即将走出象牙塔之时，放弃了条件优越的城市和生活安逸的家乡，怀着满腔热血、义无反顾地加入到"西部计划"、"扶贫接力研究生支教团"和"辽西北计划"中来。这些青年，他们或立足贫瘠的辽西北，或投身西部广阔的基层天地。然而，无论在哪，他们的目标都是奉献青春，成就梦想。到辽西北去，到大西北去，尽管这其中注定蕴涵着难以想象的苦涩与艰辛，但对于更多的大学生而言，这也是一种非亲身经历便无法体会的难忘记忆，因为此时的奉献在为许多偏远地区的孩子们带去知识、带去关爱、带去欢乐的同时，也在无形中锻炼了自己、提升了自己。

7. 挑战杯

"挑战杯"是"挑战杯"全国大学生系列科技学术竞赛的简称，主

要包括大学生创业计划竞赛和课外学术科技作品竞赛。这两个项目交叉轮流开展，每个项目每两年举办一届。在我们学校，"挑战杯"不仅仅是素质拓展节众多活动中尤为重要的一环，还是广大学子创新创业以及进行学术研究的有效平台。近年来，我校越来越多的学生以高涨的热情积极参与其中，并凭借其较为优秀的学术成果取得了骄人战绩，从而为我校争得了荣誉。大学本来就是一个师生之间进行学术探讨、学术研究与学术争鸣的园地，而"挑战杯"所提倡的"崇尚科学，追求真知，勤奋学习，锐意创新"较好地体现了当今时代对大学生的要求。对于你们而言，参加"挑战杯"，挑战自己的科研水平与创新能力，不仅有助于从实践型学生向研究型学生的转变，还将为日后进行自主创业打下一个坚实而有力的基础。

8. 志愿服务，社会实践

作为当代青年，你们应该积极投身到志愿服务中去，争当志愿者，用自己的爱心和责任心去服务他人、服务社会。"振兴杯"全国青年职业技能大赛的志愿者工作是我校在"志愿服务"中的一项重要内容，每年都有许多辽大学子参与其中，并为大赛的成功举办做出了突出贡献。对于你们来说，"志愿服务"不仅应该成为大学生活的一部分，还应作为一种理念融入你们思想的深处。而社会实践作为一种将理论深入现实的有效途径，也日益受到各高校的广泛重视。随着"八个文明"教育系列活动的长期有效开展，我校大学生在加强自身修养、提高自我管理能力等方面得到了显著提升。同时，每到寒暑假期间，我校还会积极开展社会实践活动，以促进广大学生更好地了解、参与社会。实践体验发展，青春无悔奉献。用理论引导实践，通过实践来升华对理论的认识，相信你们会在丰富多彩的社会实践活动中找到自我的价值，并实现美好的青春理想。

七 种 武 器

"你们不能甘于平庸，要胸怀伟大的抱负与崇高的追求，并用实际行动去践行自己的理想信念。在纷繁的人世间，找到属于自己的'孔雀翎'，目标直指，果敢行动，终有一天，你将收获如孔雀开屏般的绚烂人生。"

1. 长生剑

"长生剑"寓意"强壮的身体"，其功效在于"养内"而非"攻外"。剑形如"1"，代表着强壮的身体是成就精彩人生的第一要素，而名望、金钱、权力等要素只是"1"后面的"0"，是强壮身体的外延和扩展。可以说，拥有了强壮的身体便拥有了创造未来的希望，而失去了强壮的身体便失去了一切。

如今，大学生的身体健康状况普遍令人堪忧。饮食不规律、有氧运动缺乏、熬夜现象严重等，这些不良的生活习惯成为大学生强健体魄的绊脚石，从而阻碍其自身的长远发展。因此，对于你们而言，"攻外"的首要前提在于"养内"，即通过健康的生活方式来提升自己的身体素质。记住，在践行理想的征程中，佩上一把"长生剑"，用强健的体魄为你的人生护航，这样你才可以在刀光剑影的拼杀中无畏前行，笑到最后。

2. 碧玉刀

"碧玉刀"寓意"高尚的品质"，也就是说一个人的"人品"也可以成为一把利器。追溯至古代，许多仁人志士便将心灵的纯善与精神的高洁奉为人性至宝，并赞叹"富贵不能淫，贫贱不能移，威武不能屈"的士人风骨。而如今，对于当代青年来说，高尚品质的回归显得越发重要。

因此，铸就一把"碧玉刀"，将恬静平和的心态融入生活之中，淡然却不简单，高洁而不媚俗，便是你们在大学里急需培养的为人处世之道。高尚的品质往往是实践的结果，而非天性使然。这就要求你们在点滴生活中养成良好的道德习惯，努力学习模范人物身上的优秀品质，并利用课余时间加强道德实践。在未来成长、成才、成功的道路上，希望你们能够始终保有"一片冰心"，并胸怀"一腔坦荡"，将纯真的自我和美好的品质尽情地展现在大众面前。

3. 霸王枪

"霸王枪"寓意"优异的成绩"。如同它的名字一样,"优异的成绩"是大学里的王牌武器。在大学这座知识的象牙塔里,你们将面临太多的诱惑。而少了家长的督促与老师的叮咛,你们便很容易随波逐流,过上自由散漫、毫无目标的生活。殊不知,"优异的成绩"不仅对于立志保研、出国留学或考研的同学来说尤为重要,还是你们日后找到理想工作的敲门砖。虽然成绩的好坏并不能完全决定一个人的未来,但不得不说,它是一个很不错的、预测未来成功的重要变量。

大学可以说是你们最后一次较为系统和严谨地学习知识的园地,因此学习仍然是大学生活的重中之重。在周遭高喊"60分万岁"的浮躁氛围中,你若仍然坚定不移地保持对于知识的渴求,并取得优异的成绩,便可成为人人称羡的"学霸"。而当"霸王枪"已被你要得游刃有余之时,广阔天地便总有一隅任你驰骋。

4. 离别钩

"离别钩"寓意"独立的意识",即"将最终的离别留给自己"。游走象牙塔,你们必须要培养自己的独立意识,不被他人的言论所左右,不被眼前的利益所左右,不被情感所左右,不被权威所左右,在纷繁复杂的现象中能够独立且准确地做出自己的判断,从而将成熟与勇敢挥洒于青春旗帜之上。

手执"离别钩",须将独立的思想融入脑海,将迷茫的愁绪抛在脑后。因为一旦钩住便注定了离别。来到大学校园,意味着你需要从身体、思想及情感等多方面学习独立,培养起自己独特的思维体系,用实力证明自己的价值所在。因此,一柄"离别钩"不仅可以让你在学术道路上提高批判能力和创新水平,还可以帮助你在通往梦想的道路上盎然成长。

5. 孔雀翎

"孔雀翎"寓意"崇高的追求"。它也是你们走向辉煌人生的前提之一。未发射时荒废如铁,发射时则闪烁如光。孔雀翎的灵魂总是给人一种无可比拟的胆寒之气,就如同理想所给予人们的强大力量一样，当锈迹斑驳的追求被岁月洗涤而暴露于世时，它本身的能量与光芒将超越一切自卑和无奈，从而带给人们自信与奋斗的决心。

对于刚入学的你们来说，"崇高的追求"就如同黑夜里的一盏明灯，将指引你们穿越短暂的迷茫与不安，在 4 年的生活中有所期待并有所收获。作为当代青年，你们身上肩负着时代所赋予的重大使命。因此，你们不能甘于平庸，要胸怀伟大的抱负与崇高的追求，并用实际行动去践行自己的理想信念。在纷繁的人世间，找到属于自己的"孔雀翎"，目标直指，果敢行动，终有一天，你将收获如孔雀开屏般的绚烂人生。

6. 多情环

"多情环"寓意"美好的情感"，它不是最犀利的武器，却是最懂人心的武器。它无刃无锋，套住了就不能再分开，因此也象征着人世间亲情、爱情、友情的环环相扣，以及它们在岁月的打磨下熔铸成永远。人世间的情感有许多种，诸如喜、怒、哀、乐，而"美好的情感"在人的成长过程中不仅可以起到荡涤心灵的作用，还有助于完美人格的塑造。

踏入大学校园，有太多的情感等待滋生，有太多的美好值得珍藏。师生之情、同学之谊，这些都将成为你们大学四年的宝贵财富；而校内的每一棵树、图书馆的每一本书，这些也都将幻化为你们记忆中一道亮丽的风景。所以，始终保持一颗温暖且善良的心灵，用真心交换真心，让纷繁美丽的情感如多情环般彼此套牢，滋长回忆，将使你们在大学战场上保有一件最温柔的武器。

7. 拳头

"拳头"寓意"健康的心理"，即失去所有外在装备后的内在武器，防御性较强。一拳出击，擦风而过，方寸之间，静止入定。人生在世，须得有这么一双拳头，挥击之间自留分寸，在保护自我的同时笑看沧海桑田。对于初入大学校园的你们而言，"健康的心理"无疑是你们在经历成长和追逐理想过程中的一门必修课。

心态决定未来，再艰苦的人生都可以创造出令人艳羡的奇迹。当你们走入现实的绝境，抑或陷入痛苦与迷惘中无法自拔时，不要对生活束手就擒，要保持理性的思考和积极乐观的心态，握紧拳头，用力搏击，它将成为你最后的武器。

附赠：20条微博"秘语"

1.无论是美梦还是噩梦，都在拉开窗帘的那一刻被贪婪的阳光带走；无论是快乐还是忧伤，都在走进大学的那一刻被青春的魔力幻化。最终，一定是你的勤奋和智慧，把七彩阳光洒满青春的锦缎，开始傲立万人中央，翩然起舞。

2.大学里最有意思的事，就是去其他学院甚至学校"偷师"。我曾经为一个中文系高年级的学生在我们的一节量子力学课上做专注状感到可笑。可现在我发现，撇开具体知识的学习也许更能体会大学文化的气质。大师虽非我师，我却曾经傍侧。做高品质文化的粉丝，其乐无穷！

3.青春的智慧如果只停留在对海量信息的搜索、复制、粘贴、转发的层次上，未免有点浪费，至少应该在编辑的过程中链接一点自己的思考吧，哪怕这份思考并不成熟，但它能说明你的网络行为并非盲目，并非人云亦云，而是有所关注，有所指向！要知道，每个小我是否认真思考，决定着最终掀起的是浊浪还是铁流。

4.恨不得每天每个手指头都去做一件事情，世界实在是太美太丰富太有趣了。无论雅俗，我总觉得自己的参与会让许多事情变得不同，而那正是我的快乐所在。每当我经历了一场惊心动魄或者"歌舞升平"，都要发自内心地说一声："嘿！我在！"

5.只有在黑暗中足够耐心，足够专注，才能攫到太阳最为吝啬的第一缕光芒，从而使自己的心情手舞足蹈起来。

6.真正欣赏你的人，最愿意看到你特立独行的性格和标新立异的风范，而不是你忤逆自己的内心，为那些世俗的挑衅做出的谄媚和逢迎。成熟是生存的需要，但和至上的快乐无关。

7.大学校园里，师生之间如果彼此没有平等对视的心态，缺乏真诚交流的热情，极少良性互动的平台，师者常摆伟人之姿，学者每逞玩世之态，那么大学文化建设就丧失了起码的根基。

8. 如果你也认为我们的演出是一件很有意义的好事，那就不用紧张，更不要互相埋怨，尽力去做好自己就行了，难道你还怕多做一点好事吗？既然站上了舞台，就要拿出你的真实本领，让我们看到你的勤奋和用心。无论你的表演有多糟，都胜过敷衍了事或临阵溃逃，因为你原本就是来学习的。

9. 放松的时候你可以是一头猪，但紧张的时候你必须是一匹狼！记住，对应该放松还是紧张的判断，靠的不是猪的思维，而是狼的视野。

10. 年轻在承受这世态浇漓的同时，总要保留一点诗梦的色彩才好。纵然最终梦碎诗残，可那一抹绚烂照亮的，才是最真实的自己。

11. 不完全放任眼前的悲伤和快乐，是因为你还深爱着自己的未来。

12. 我们用心打理的生活，每一天都有文艺作品无法演绎的精彩。即便是痴人说梦时的忧伤和傻笑，也如花似玉，真实动人。

13. 最折磨人的，不是疼痛，而是不知道为什么疼痛，或者明知道为什么疼痛也不想告诉大夫，宁愿在一种类似绝望的情绪中幻想着自愈。

14. 不是所有的努力都能有一个期望的结果。比如，你或许能改变胖瘦，却改变不了高矮。那么，为什么还要努力呢？我想……应该是为了让自己矮得玲珑一点吧。

15. 阅读"三沉"，即沉醉、沉迷、沉溺。沉醉之时，手把书卷，眼波流转，面泛潮红，大声呼其名，则唯唯诺诺，憨态可掬；沉迷之时，恍如石化，茶饭不思，旁若无人，大声呼其名，则茫然四顾，神情诡异；沉溺之时，独向一隅，闭关落锁，万念俱灰，大声呼其名，则充耳不闻，物我两忘。

16. 如果想对自己的专业有一个起码的认知，如果想在新的集体中找到自己的位置，如果想给自己的大学一个不后悔的开始，如果确实想抓住本该属于你的机会，如果真的很在意那个想象中的未来，那么很简单，咬紧牙关，全情投入，让自己大一的学习成绩名列前茅。

17. 无论如何，雷锋精神曾经强有力地在百废待兴的中国社会形成了一种温暖的社会风尚。即便在今天，它所提倡的家国情怀、诚信品质、奉献意识、拼搏精神等都是现代社会文化建设的重要组成部分。比较之下，打着"还原真相"的幌子怀疑一切甚至刨根问底的态度和行为显得意义不大。所以，雷锋精神，我坚决顶！

18. 追星的境界，是形散而神不散；追梦的境界，是风动而心不动。想一想，其实每个青春都曾有自己仰望的星宿，就像每个人生，都曾把如梦的衣裳披上肩膀。

19. 认真地把一件有意义的事做完，即便是微不足道的小事，也能让你摸到自己的精神。

20. 如果不敢死皮赖脸地纠缠学术，不敢班门弄斧地对话名师，不敢无所顾忌地放飞思想，不敢破马长枪地面对挑战，不敢淋漓尽致地释放情怀……你怎么还敢身在大学？

砥砺青春

——你若盛开，清风自来

■ 文/李焦焦

明媚的，
是青春的容貌，浅笑，
在多年前的春天。

浓烈的，
是青春的底色，浸染，
在梦想的起点。

人生并非只有一处
缤纷灿烂，
凋零的是春花，而非
春天。

即便青春是一本
太仓促的书，
也请装进你的背包，砥砺
前行的路。

　　大学对于每个人来说都是一生最浪漫的所在、最难忘的记忆和最珍贵的财富，而青春恰恰绽放在这人生最美的时光里。砥砺青春就是让梦想更有力量。祝贺学弟学妹们通过自己的努力顺利进入辽宁大学，开始自己崭新的求学之路，感谢上苍让我们有缘成为彼此挂念的家人。

　　在这个温暖的大家庭里，你会慢慢了解，那些高山仰止的学界泰斗、师者领袖，也是这青青校园里，你早起晨读时，身边经过的晨跑者；是那垂杨路上，衣着朴素、鬓发霜白的慈祥老人。你可能会因为他对你严厉的要求或者训斥感到深深地沮丧，但你还是会感动于他或她沙哑着嗓子站在讲台上。记得开学典礼上，我们的家长黄 sir，充满深情地引导他心爱的孩子们认识、感知这个新家，感受到这个家的荣耀、伟大和优秀。他要我们充满爱心、童心快乐地成长，也严厉地要求我们要有一份"狠心"，对自己狠一点，狠拧自己，狠心顶住诱惑，狠心坚持到底。是的，这就是这个大家庭中的长者。他博学多识，更宽厚仁爱。无论你来或者不来，爱就在那里，不离不弃，寂静、欢喜。而幸运的是，你们来到了这个家里。

　　在这个大家庭里，你还会接触到许多优秀的哥哥、姐姐，他们无一例外地用自己的才情和智慧书写着属于青春的华美篇章，他们用激情和梦想成为备受瞩目和期许的焦点，他们成为最勇敢的追梦者。他们中的一些人或者成为学生领袖，服务于同学的所急所需；或者作为文艺骨干，活跃在校园文化的每一方舞台；或者作为一名志愿者，远赴祖国西部奉献青春热忱；或者成为自强之星，鼓舞万千同龄人成长成才……他们站在各自人生舞台的中央，是怎样华丽的转身，是怎样自信而淡然的微笑，是怎样坚忍不拔的努力，是怎样坚定无畏的追梦脚步，让他们有机会给青春、给大学画上一个完美的句点。

其实，在这个温暖的大家庭里，我们每个人最重要的是要融入其中，并找到自己的位置，为自己确定一个崭新的起点。每个人是需要在彷徨、挣扎、挫折和进步中慢慢找到自己的。你可能会放松对自己的要求，认为经过 12 年的苦读，迈入大学的校门就意味着无拘无束、随心所欲了。自由驰骋、天马行空的只能是意识和思想，而大学正是人格完善、学业精进和理想确立的时期。所以，放松精神不够，还想放松脚步吗？你可能会质疑公正的精神，你的同学来自五湖四海，同学中不都是"高富帅"或者"白富美"，但"官二代"、"富二代"却也比比皆是，你感叹起点不公平、资源不平衡，觉得他们是带着"背景"的人。其实，"背景"就像人生舞台的后幕，虽然无论是炫目的华丽还是低调的奢华是会让你的出场与众不同，备受瞩目，但是在人生的舞台上你演绎了什么才是能否赢得掌声的关键。我们是否有能力生活在永不抱怨的世界里，坚持做最好的自己？你可能会迷失前进的方向，听过被广为传颂的"校园风云人物"故事，看过被保送研究生的学长们令人眼热的成绩单，见识了身边同学们的不俗才艺，或许正激发了你想要成功的斗志，又或许让你觉得既然自己没有那么优秀，就坚持"平平淡淡才是真"吧"！我们是否有信心给自己的青春找一个合适的坐标，认真去思考和定义成功的意义，赢得欣赏自己的人，给未来一个期望的起点？因为大学只是人生的一个阶段，但却着实需要一个能让人热泪盈眶、刻骨铭心的回忆。

作为学长、学姐，我们无法给大家一个完整的关于大学、关于青春、关于奋斗、关于成功这诸多问题的答案，或者指明一条前进的道路，只能为你们讲述一个个发生在这个大家庭中的难忘故事，希望能让你们有所感悟，砥砺自己的成长。

从"普通"到"成功"有多远

"也许，我真的像一个不停旋转的陀螺，可每当我要停下来的时候，总幸运地拥有鞭策我的动力，我感谢当时那份坚持。"

由于踏实能干，在大一开学不久我就当选为班长，后来又在老师和学长的鼓励下，进入校学生会。于是，更多的时候，我把别的同学上网打游戏、逛街购物、睡到自然醒的时间都充分利用起来，在学习、工作、活动中都严格要求自己，一样也不敢放松。我觉得自己是一个内心涌动着激情的人，似乎生活与我可以一刻不停歇，而有时我又是可以低微到尘埃里，去做最细微、琐碎的工作，在脚踏实地的学习、工作中认真磨炼自己。我代表学校参加中国大学生骨干培养学校，随中国青年代表团赴印度进行友好访问。参加学术比赛，在辽宁省第十届"挑战杯"课外学术科技作品比赛中获得二等奖。作为志愿者参加各类国家级志愿服务工作，积累宝贵的工作经验。也发挥自身所长，主持沈阳市纪念"五四"运动92周年"永远跟党走"红色青春展演并获"最佳主持人"。但同时，我作为商学院市场营销专业的辅导员助理，协助老师服务于新同学入校的方方面面。我觉得自己算得上是学有余力的人，可以做点事。朋友们说，我的生活好像一个不停旋转的陀螺，没有休息的时候，看着都累。其实，学习工作兼顾的日子，有时感觉压力很大，但在最想放弃的时候总是想，坚持一下，再坚持一下，只要坚持到最后，我就胜利了！于是，我真的就挺过来了！也许，我真的像一个不停旋转的陀螺，可每当我要停下来的时候，总幸运地拥有鞭策我的动力，我感谢当时那份坚持。

故事的主人公王崇是辽宁大学第四十一届学生会主席，是一直奋发前行的追梦者，是同学眼中青年才俊的代名词。

"用一颗平常的心去面对各种困难，用一颗包容的心去面对质疑的

179

声音，用一颗感恩的心去面对曾经帮助和支持我的人。"

很多人会问我是如何成为社联主席的，我想说，我加入任何一个学生组织也好，学生社团也好，都不是冲着主席、社长而去的，如果你只是以一颗功利的心去做每一件事，最后的结果往往不尽如人意。也许你不是最优秀的那一个，但你一定要坚持，坚持用心去对待身边的人和事，坚持认真思考，坚持最初的梦想，重要的不是你现在所处的位置，而是你未来的方向。

其实，我的工作并不像想象中那样光鲜，它需要我戒骄戒躁，顶住压力。2012 年 4 月当选主席以来是我在大学中成长最快的时期，我学会了用一颗平常的心去面对各种困难，用一颗包容的心去面对质疑的声音，用一颗感恩的心去面对曾经帮助和支持我的人。这也是我希望学弟学妹们能够在大学课堂之外的学生组织里所收获的，这远比所谓的锻炼能力和取得荣誉重要得多。

故事的主人公史雅慧是辽宁大学第十届学生社团联合会主席。

"每一棵参天大树都要忍受根部在漆黑的土壤下无尽地延伸！让自己成为一块紧缩的海绵，从学校的清晨便开始舒展自己，吸收这片土壤所给予你的一切，哪怕是春天里方圆楼下那一抹淡淡的花香。"

或许今天主席的身份总会让人联想到大风大浪的过去，但那的确是普通人的回忆。自己初到亚澳商学院感觉高中生活并未结束，学习压力很大，我院独有的大一升级考试 DET 总是让我们处于备考状态。自己当时身为班长又走入了学生会，很多时候学习与工作交织在了一起。还好当时自己只是一名工作人员，责任感并不强烈，低头干好自己的本职工作就是一名部员的准则。到了大二，学习压力变得更大，外教对于学生的要求也变得更高。那时一周只有 3 节空课，有时学生会工作会占用学习时间，熬夜那是常事。有人会说自己一定曾有过主席的梦想，但在即将换届的时候，面对着专业考试和部长下交的任务，我只想给自己交上一张满意的答卷。大三的课程开始减少，但考试范围依旧是全书。在大三下学期，我走上了主席竞选的讲台，面对着老师与同学，我讲了 3 年的工作与未来的展望。结果，努力证明了实力，我站上了今天的舞台。想到自己初入大学时便一心想着，只要付出就会在未来有所成就。很多时候，看着高中同伴虽然未上大学却有了自己的事业，心里很是羡慕，焦躁不安让自己逐渐藐视自己在大学所拥有的。殊不知，今天夯实的地基是为了明天更高的大厦。所以，无论你的学习生活有多么平淡，你都应该去珍惜。或许一个单词不能换回一美元，但它可能是 CFA 的必需词汇；或许陈述一个历史事件不能提高你的社会地位，但它可以丰富你的申论内容；或许一个数学公式不能增加你的个人魅力，但它能让你在工程师考试中茅塞顿开。集腋成裘，珍惜每一个学习的机会，让自己能够展开丰满的羽翼来面对社会的大天空。我在微博上曾看到这样一句话："每一棵参天大树都要忍受根部在漆黑的土壤下无尽地延伸！"让自己成为一块紧缩的海绵，从学校的清晨便开始舒展自己，吸收这片土壤所给予你的一切，哪怕是春天里方圆楼下那一抹淡淡的花香。

故事的主人公雷震是亚澳商学院 2009 级学生会主席。

"如果一年的时间可以切分成 12 个奉献自我的机会，再转化成 365 个切实可行的目标，再演变成为 8760 件从自身做起的小事，再内化成为 525600 种不同的心灵体验，那最终又将轮回成一个青春无悔的经历。"

作为历史学院近 10 年来唯一一位女学生会主席，我深深感受到自己的压力和责任，全新的工作任务给我带来了不小的挑战。但是，我从来没有想过退缩，只是竭尽全力迎难而上，不断挑战自己，带领历史学院在体育、文艺和学校组织的各项活动中都打破了以往取得的成绩。组织了"历史新篇章"迎新年晚会、"红动历史·薪火相传"红剧展演、溯源读书会等系列活动。并作为历史学院党史宣讲团的主要成员，多次走进历史学院在本溪高台子学校的党史宣讲基地，给那里的老师和同学们讲历史课。我喜欢演讲、主持、弹钢琴、演奏单簧管、写毛笔字，兴趣广泛。在联想集团举办的联想青年公益大赛辽宁赛区的决赛中多次担任主持人。在"中国凉都·六盘水消夏文化节"系列活动中，参与了贵州卫视同步直播的大型健身项目展示活动的主持工作；利用在大学里学习的网球知识，在"高原杯"网球比赛中担任边线裁判。实习的过程正是开始接触社会、不断提高自己实践能力的过程，可以为将来走上工作岗位做好准备。在大四面临未来选择的一年，我参加了辽宁大学第十四届研究生支教团的选拔，以优异的成绩成为辽宁大学研究生支教团的一名成员，到新疆库尔勒进行为期一年的志愿服务。我期望"用一年不长的时间，做一件一生难忘的事"。我渴望自己能服务新西部，感受新生活，获得新成长。我常常想，如果一年的时间可以切分成 12 个奉献自我的机会，再转化成 365 个切实可行的目标，再演变成为 8760 件从自身做起的小事，再内化成为 525600 种不同的心灵体验，那最终又将轮回成一个青春无悔的经历。

故事主人公姜媛是历史学院 2008 级学生会主席，2011 年中国大学生自强之星。

把梦想变成现实有多难

"我取得了一些成绩，但我觉得自己只是做了该做的事。我很快乐！我时刻想着，只要努力了，就会离梦想更近。"

我的家乡在内蒙古。在美丽的草原，环境污染也随处可见。在填报高考志愿时，怀抱着能保护身边的这一份绿色的梦想，我选择了辽宁大学生态学专业。也为了这片绿色，在大学中，我能发自内心地努力完善专业知识。同样为了这片绿色，我更渴望能够跳出书本的局限，用各种活动将环保知识与更多人分享，将服务于环保事业作为自己最开心的事。

刚刚入学时，我加入了辽宁大学"绿舟环保协会"，积极参加各项环保公益活动，并不断地学习和锻炼，成为一名"全国千名青年环境友好使者"。大学一年级的时候，我作为沈阳市青年环境友好使者代表，应邀参加了在北京人民大会堂举办的"2010年'六·五'世界环境日纪念大会——青年环境友好使者推动全民低碳减排活动仪式"。作为辽宁的使者代表，我向李克强副总理汇报了高校绿色校园的开展状况和生态文明意识在学校教育中的普及情况，并表示一定会以自己的实际行动传播环境文化，普及环保知识，壮大校园环保队伍，用自己的责任、热情和青春投身环保事业，做一名优秀的青年友好使者。我至今还能真切地感受到那一天的激动和兴奋，似乎我离梦想更近了一步。

2011年暑假，我没有像往常一样回到远在内蒙古的家中，而是踏上了一条更有意义的道路——远赴科尔沁沙漠进行环境调研。在环境学院两年的学习生活中我深深地意识到，书本上的知识固然重要，但只有走进环保的第一线，深入实践，潜心钻研，才能真正地学以致用。科尔沁沙漠气候干旱，黄沙漫天，环境异常恶劣。荒凉的土地、断流的河床、冲刷的沟壑、裸露的树根……一幕幕都震撼着我的心，让我感到作为一代环境人肩上担子的沉重。我与队友一同走进中科院沈阳生态所大青沟沙地生态实验站，了解、记录科尔沁沙漠的整体情况，参与对沙化情状和绿化工作的讨论、研究；走进沙地，运用所学的专业知识，利用实验仪器采土样、采水样、测风速、测风向，为日后的科研打基础；走进田间、走进村民身边，为广大农民现场展示农药和化肥的使用技巧，号召他们绿色生产；走进小学，采取寓教于乐的宣传方式，向小朋友们宣传环保的重要性，呼吁他们克服自然因素的阻碍，选择低碳生活，选择绿色未来，临走前还与同学们在科尔沁沙漠种下了自费购买的树种，为沙漠增添了一抹绿色。回到学校后便一头扎进实验室，对采集的样品进行分析，这使我对科尔沁沙地的地貌、土壤特点以及沙化原因有了更进一步的了解；与同学们展开讨论，对科尔沁沙漠的绿化改造和经济发展提出了自己的看法，将理论与实际相结合，为在未来的环保道路上奋力前行奠定了一定的基础。

几年来，我不想错过任何一次环保公益活动的机会，组织策划了"G 计划——环境专业技能大赛"、"低碳校园"环保摄影大赛、"禁塑令"——派送环保袋等多项校内外环保宣传活动。我取得了一些成绩，但我觉得自己只是做了该做的事。我很快乐！我时刻想着，只要努力了，就会离梦想更近。"

故事的主人公是受到国家领导人接见的"百佳绿色先锋"，是远赴沙漠、呼唤绿色的一叶绿舟，是笃行精学、勇挑重担的全国优秀志愿者，是激扬青春、点燃未来的全运会火炬手，是实现环保无国界的中美校园使者，是感召辽宁的教育年度人物。他叫包毅，为环境学院大三学生。

从"小爱"到"大爱"心路有多长

"平常心、平凡事、平静的生活，我充实地过好每一天。我们在生命的故事中，细数着流年……"

"2009 年 9 月到 2010 年 7 月，我在新疆库尔勒市第二高级中学支教期间，担任了高一 7 班、15 班、16 班，高二 3 班、4 班的生物教师。在此之前，我从未以教师身份登上讲台。在刚接到教学任务通知时，我也有过担心和犹豫。但是，当想到教学是我与学生接触最直接的方式，是我帮助他们的最简单的办法，犹豫之后，我毅然接受了学校的安排，更知道即将踏上讲台的我任重而道远。初为人师，我知道只有不断学习、积累经验才能胜任高中的教学工作。因此，接到教学任务之后，我便没有了业余时间，只要有时间我就去听有经验的老师的课，努力做到把知识以最清晰明了的方式讲述给学生。高一的生物课介绍的都是微观生物学的内容，比较抽象也比较单调。为了帮助大家理解，激发学生的学习兴趣，调动大家学习的积极性，课前必须做好充分而必要的准备，深刻领会教材，精心设计每一个教学环节，努力将书本中的知识以喜闻乐见的形式传授给大家。由于课改，教学压力增大，课堂上根本没有时间为同学讲解习题。因此，我利用午休以及晚自习时间为同学辅导。平时，我会以朋友的身份走到学生中间，用真诚和智慧打开学生的心灵，成为他们最信赖的人。因为我相信，教育需要智慧，更需要爱，我要让教育的感动直抵心灵，润物无声。

后来，我又主动担负起库尔勒市第二高级中学校园植物多样性调查研究课题报告的编写工作，整个过程包括资料的查找与收集、校园植物的调查与分析、报告的编写与修改，历时 3 个月。报告包括植物的定义、分类、特点及校园植物多样性调查。为了让学生能够更直观地了解校园中植物的名称及特征，在支教团其他成员的帮助下，我拍下了每一种植物并将其夹到报告中。我对这项工作格外用心，更为可以学以致用、做点有价值的事感到欣喜。这是我为学生留下的一份关于我的记忆。平常心、平凡事、平静的生活，我充实地过好每一天。我不知道今天我在这里用心做的所有事情是否能让我的恩师们为我自豪，不知道研究生支教团的志愿者是否真的能像社会舆论评说的那样用知识和青春奉献西部、建功立业，但我知道，支援西部是越来越多中国青年的选择。我终于相信，总有一种情谊，带着温暖又真实的质感；总有一份记忆，徘徊在心悸的边缘；总有一种守候，即使脚步渐行渐远也不会离去。我们在生命的故事中细数着流年……"

故事的主人公郑旭为辽宁大学第十一届支教团队长。

"那一刻，仿佛空气中都弥漫着爱的气息，我想那时每个人都很快乐、充实。"

3 年来，我做过很多次志愿者，也组织同学参加过很多志愿者活动。在这些活动中，我认识了很多怀有爱心的人，也感受到了奉献的快乐。给我印象最为深刻的是参加由沈阳团市委举办的"玫瑰行动"志愿者服务活动，任务是向一些文明出行的市民赠送玫瑰。寒冬时分，天气很冷，然而没有人抱怨，每当送出一支玫瑰，看到的都是笑脸，感受的都是暖意。这段经历让我现在想起来仍然兴奋不已。还有一件事更让我震撼和感动，在得知药学院的一名同学身患重病后，我在学院老师的支持下，号召全院同学捐款献爱心，从得知消息到组织捐款，仅仅间隔了 4 个小时。令我意想不到的是，几乎全院的同学都赶到了现场，奉献自己的爱心。那一刻，仿佛空气中也弥漫着爱的气息。我想，那一刻每个人都很快乐、充实。

故事的主人公荆传根为信息学院 2009 级学生。

"志愿服务的意义是什么？于我而言，眼中的世界更大了，内心的快乐和感动更多了，它让一个人在为自己人生努力的时候，多了些'兼济苍生'的味道，于是，个人的进步似乎有了更大的意义。"

借助于文学院主席和校团委学生兼职副书记的平台，我幸运地在大学生活中参加和组织了很多志愿服务活动，这是让我最珍惜的经历和感受。我对学校公益类、环保类社团的活动一直抱有很大的兴趣，积极参加各种公益活动。我曾去沈阳市儿童福利院看望残疾儿童；带领文学院学生会成员赴沈阳市沈飞老年公寓为老人表演节目，陪老人聊天；号召全校学生开展"雷锋精神星火行"志愿服务活动。与步云山路小学（农民工子弟学校）、金山社区幼儿园（农民工子弟幼儿园）结对，进行持续的帮扶活动。我常常反思志愿服务的意义是什么，这让我眼中的世界更大了，内心的快乐和感动也更多了，让我在为自己的人生努力的时候多了些"兼济苍生"的味道，于是个人的进步似乎有了更大的意义。

故事主人公滕光为辽宁大学学生兼职团委副书记，在 2012 年全国优秀大学生夏令营活动中表现突出，被四川大学文学与新闻学院提前录取为研究生。

结　语

　　我们知道，在大学有两件事物总是新鲜的，那就是青春和对知识的追求。正因为如此，大学常新，总会成为很多人的新起点。本书既是向刚刚迈入大学校门的"新生代"展现大学概貌的综览，也是卷宗墨香中飘着浓浓辽大气息的全景实录；既是求解大学生活的励志读本，也是言藏关爱、句涌温暖的母校家书。

　　这本叫做《起点》的书，从年初就开始策划，大学尚未录取，全然不知 900 余万考生中谁会成为辽宁大学的学生。书稿酝酿之时，有些残酷的高考分数线才刚刚划定。我们初识你们，但仍不知道哪些名字自此将铭记于辽宁大学的历史；不知道哪些孩子会在辽宁大学温柔的眷顾中慢慢成长。但我们仍然要说，你们于千余学府中选择辽大，辽大在万千学子中喜得你们，这是我们彼此的幸运、共同的幸福，你们所有关于年轻和成长的故事也将从这里开始；你们青葱美丽的花朵也将在新的《起点》中绽放。

我们曾以《新生手册》之名，将辽大概况编辑成册发于学生及家长手中。《手册》虽"薄如蝉翼"，但在学生与家长手中却"重若千金"。正是这"轻重之间"催发我们一定要结集出版一本书，把辽大的历史与今天、风情与故事、荣光与历练、心语与心声说与你们。缘此，有了母校的第一封"家书"，有了情感跳跃的鲜活文字，有了《起点》这本书。

这不仅是一本励志读本，更是一封划分了章节的"家"书。全书由"新家"、"心语"两部分构成。第一部分"新家"，讲述了家的沿革与历史、家的荣耀与辉煌、家的文化与积淀，还有那些为家带来荣光的有故事的家人。第二部分"心语"，记录了书香萦手的教授心声、启人心智的才俊感悟、学海引航的闪光智慧、充满力量的青春脚步，将一个活灵活现的大学和大学生活奉献给青春的你们。全书用灵动的语言告诉我们：一个人无论站在多么诱人的"起点"上，无论以什么样的方式奔跑，都要有方向、有情感、有风骨。全书用生动的事例告诉我们：在现代化的浪潮里，在新价值的波澜中，青春的我们可以时尚，可以美丽抑或张扬，但一定要心怀至善、心若冰清。当这本书形成脉络、分成体系、完成目录、终成定稿时，我们心中竟流淌出一股暖意和幸福，甚至已经在心里勾画出你们捧着书"如获珍宝"的样子。孩子们，家的大门已经敞开，希望你们捧着《起点》这本书，一边阅读，一边感知，一边迈出青春的脚步。

虽然我们身在校园，为人师者，阅读过无数个如你们一般的青年，但我们对你们的了解与理解仍旧不尽全然。我们深知，即将付梓的书稿，尽管经过数次研讨与论证，但仍然难免存有疏漏，或许还远未达到你们的所想、所期待。但在整个成书的过程中，编著组的老师们始终想象着初入大学校门的你们最关注什么、最需要什么、最期待什么。在经过无数个时间和空间的角色转换后，用最贴近青年人的笔触对大学及大学生活作了临界真实的解读与表述。我们希望在迁延的岁月中，在大学的时光里，能够看到你们用实际行动见证《起点》之于你们的价值。

在我们编著《起点》的日子里，时时有辽宁大学关于人才培养、学科建设、科学研究的好信息传来。我们和着学校发展的节拍一路前行，也时刻将家的荣辱系在心间。在此，我们由衷敬谢那些一直用行动与力量守望辽大的人，是你们让今天的辽宁大学熠熠发光，让辽大精神在一代代人的身上延续升华。我们也特别感谢参与本书写作的著者们以及为本书的酝酿、出版默默工作的人们。因为你们的付出，让新生的辽大人站在新的起点上自信满满。

这本叫做《起点》的书，没有参考的范本，可谓站在了新著的起点上；作为著者的我们，没有效仿的模板，可谓站在了新言的起点上；初入大学的你们，可谓站在了新生活的起点上。这本书、我们还有你们都站在了各自的起点上，相信智慧和勇气会让我们跑出属于彼此的不可复制的精彩。因为有了这份希冀，我们满怀信心期待着，期待着你们在新的起点上幸福成长。